David Ruipérez

Mi vida por un «LIKE»

David Ruipérez

Mi vida por un «LIKE»

El impacto sobre los menores de *influencers*, *instagramers*, *youtubers* y otros *-ers*

**Así utilizan niños y adolescentes
las redes sociales**

Sociedad actual • Editorial Arcopress
Directora editorial: Isabel Blasco
Diseño y maquetación: Fernando de Miguel Fueyo
Documentación: Irene Ballesteros
Corrección ortotipográfica: Maika Cano

Imprime: Lince Artes Gráficas
ISBN: 978-84-17057-46-6
Depósito Legal: CO-1807-2018
Hecho e impreso en España - *Made and printed in Spain*

A los que me aguantan cada día —mi familia—
y a los que apuestan por mí. Irene, gran periodista y
colaboradora. Isabel, me enseñaste que «Creer es crear».
Gracias

Índice

Introducción

Que los padres no entiendan a los hijos es algo que forma parte de la evolución lógica de una sociedad. Les pasaba a los que veían a sus descendientes como unos melenudos que se iban a «pecar» al guateque o, más tarde, a los que tenían a los suyos jugando todo el día a la consola sin ver la luz del sol.

Ya a principios del presente siglo, saltó la alarma cuando chicos y chicas chateaban con desconocidos en el Messenger; y, por supuesto, la intranquilidad también invadió a los primeros padres que tuvieron a su cargo a unos seres con un apéndice extra al final del brazo llamado teléfono móvil.

Sin embargo, los saltos tecnológicos o las formas de comunicarse ya no cambian de generación en generación, sino muchísimo más rápido. Ahora ni los de cuarenta entienden bien lo que hacen los de treinta, ni los de treinta la forma de actuar de aquellos que acaban de entrar en una edad adulta que parece más bien una especie de postadolescencia.

Conforme más joven es el individuo más patente es ese impulso irrefrenable de narrar en imágenes todo lo que acontece a modo de una *story*. Sin aparente filtro, la vida se muestra a conocidos y desconocidos. La intimidad es un valor que cotiza a la baja, hay que retransmitirlo o publicarlo todo, da igual si se trata de un concierto, una borrachera, un gato o una pose sugerente.

Por si no se han dado cuenta estamos ante una nueva manera de relacionarnos, de comunicarnos y de obtener fama y reconocimiento social. Surgen nuevas conductas en las sociedades del primer mundo, donde comer o sobrevivir cada día no es la preocupación principal de casi nadie. Así que lo peor que se puede hacer es renegar de todo y demonizar unos comportamientos tan extendidos entre los jóvenes solo porque no los comprendemos o porque jamás lo haríamos, ya que nos parece ridículo que alguien se haga cinco *selfies* al día poniendo morritos. Eso no lo puede controlar ni prohibir, pero puede llegar a entenderlo —por eso tiene este libro en las manos— y caminar junto a sus hijos e hijas en su aventura digital.

Un cambio de enfoque

Todavía hay quien dice eso de «ahora con internet…» o «ahora con las redes sociales…», sin darse cuenta de que, a los ojos de alguien más joven, se acaba de convertir de golpe en una especie de carcamal «abuelo cebolleta» aunque no haya cumplido los cuarenta. ¿Seguimos hablando de «nuevas» tecnologías? ¿Hasta cuándo van a ser «nuevas»?

Los cambios a nuestras vidas que ha traído el *boom* tecnológico —casi todos positivos, por cierto— se metieron en el ADN humano hace más tiempo del que nos parece. En mayor o menor medida y con más o menos pericia —con la excepción de personas muy mayores— hacemos un uso habitual de las redes sociales y el WhatsApp, por ejemplo. Así que no tiene sentido extrañarse ni alarmarse si alguien más joven hace lo mismo, pero más rápido y dedicándole más tiempo porque, afortunadamente, dispone de él.

Asumamos una serie de hechos para empezar a comprender cómo ven el mundo las nuevas generaciones. Todo lo bueno y lo malo que hay en la vida cabe en una pantalla de cinco pulgadas. Podemos ver crecer en segundos la flor más bella o a alguien rebanando la garganta a un inocente; escuchar reflexiones sobre la individualidad del ser al más erudito de los sabios o a un memo jugando a videojuegos y soltando palabrotas; a Yves Saint Laurent impartiendo una clase magistral sobre costura o a una chica guapa —o que se cree guapa— dando lecciones de estilo; a alguien enseñando a hacer manualidades a los niños o a un gañán riéndose de que un chico obeso se ha caído a un charco de barro... En la vida real unas personas son genios que han cambiado el mundo frente a unos ignorantes que se pavonean delante de una cámara de vídeo, pero en la pantalla del móvil son todos iguales, están en igualdad de condiciones, sus opiniones valen lo mismo, y la pregunta es: ¿Cuál de los dos perfiles atrae más a los menores?

Con las fotos resulta todo más sencillo, no hace falta pensar. Si entra por los ojos y nos gusta se lleva un corazón. Puede ser un paisaje, unos zapatos, una montaña de excrementos, una chica con escotazo o un plato de macarrones. No hay reglas, no hay criterio, solo un impulso que guía al dedo. Pero muchas de esas imágenes corresponden a personas. Pueden ser amigos y darles un *like* porque dices «Mira a Alicia en su luna de miel en Las Vegas, ¡qué guapos!»; puede ser un actor, cantante o personaje público a quien admirar; pero también puede tratarse de una persona cualquiera que exhibe sus abdominales o lo bien que le queda su nuevo bolso. De nuevo todos en igualdad de condiciones y sin más reglas que provocar una reacción.

Con la máquina en marcha, a algunos les va mejor que a otros y algunos individuos obtienen una notoriedad tan absurda como aparentemente inmerecida. A los ojos de una persona con poco recorrido en la vida, cualquier presuntuoso es digno de elogio, y el adolescente o postadolescente aspira a ser como él o ella. Obviamente, ahora mismo vale más tener un millón de seguidores que ganar el Premio Nobel.

Frente a ese *influencer* de éxito (luego ampliaremos el concepto) los menores son especialmente *influenciables*. Muchos padres se sienten impotentes ante la posibilidad de no poder evitar que sus hijos sigan la vida diaria y, lo que es peor, que quieran seguir los pasos de alguien sin oficio ni beneficio.

Sí, *a priori* podríamos descalificar como vacíos, superficiales o simplemente imbéciles a algunas de esas personas que marcan tendencia. Pero sería injusto, porque en Instagram y en YouTube hay tantos perfiles como en la vida real. En nuestro entorno familiar o laboral, en nuestras relaciones cara a cara, también sobran pijos/as insoportables, «cuñados» y gente de cuya boca solo salen tonterías y sandeces.

De hecho, hay que reconocer el mérito de todo aquel que se pone delante de una cámara y capta la atención de millones de personas… algo tendrá. Si las ventas de una camiseta se disparan porque se la ponga un *influencer* y no el autor de este libro será que el primero posee unas cualidades especiales y el segundo no. Comunican, conectan con millones de personas, sea un adolescente con granos o un alto ejecutivo. Tienen un encanto especial, quizá efímero. Pero está claro que el *influencer* cumple su misión: influye. Y qué si gana mucho dinero, si le reconocen por la calle o si a la gente le gusta saber qué desayuna, lo lógico es que millones de personas —nuestros hijos incluidos— quieran ser como él o ella para lo bueno y para lo malo. De eso trata este libro.

NOTA DEL AUTOR:
Soy periodista, especialista en comunicación, no he cumplido los cuarenta y tengo dos hijos de 6 y 2 años —chica y chico— en el momento de publicar este libro. Tres hechos me empujaron a escribir sobre este tema. Primero, que a pesar de ser un usuario compulsivo de las redes sociales, no comprendía por qué millones de personas menores de 30 años, como algunos de mis compañeros de trabajo sin ir más lejos, viven pendientes de lo que dicen y hacen unas chicas y chicos, al parecer megapopulares, en YouTube o Instagram. Observo que, bajo mi prisma, dicen muchas chorradas, muestran modelitos y estilismos y

juegan incluso a dar noticias o a opinar sin formación ni base. Sin embargo, incomprensiblemente, tienen mucho éxito. Quiero conocer y analizar este fenómeno o estaré totalmente en fuera de juego en mi vida personal y profesional.

El segundo factor, que se suma al anterior, es que amigos y conocidos con hijos no tan pequeños como los míos no saben cómo abordar la fascinación que sus vástagos sienten por otros jóvenes que se graban en vídeo mientras juegan a videojuegos o hacen bromas, todo ello no exento de zafiedad y mala educación. Por no hablar del tiempo que pierden viendo esos contenidos. A otros, sus hijos les hablan de la vida de unos famosos que ellos no conocen, no salen en las revistas, no actúan, no cantan... ¡Si son unos pipiolos! Pero al parecer ganan millones con esos vídeos y esas fotos, publican libros, los jóvenes les paran por la calle...

Muchos padres me reconocen que no saben qué ven ni qué publican sus hijos en las redes sociales, porque en Instagram, por ejemplo, jamás les van a aceptar como amigos. Segunda conclusión, esos adultos preocupados caminan a ciegas, escuchan nombres —Rubius, Dulceida, Vegetta, Chiara Ferragni...— pero no pueden contemplar este paisaje social, se les escapa. Ellos también ponen fotos y comentarios en Facebook, en Twitter, en Instagram. Sí, muchos posan, fardan de vacaciones, del deporte que hacen, pero intuyen que sus hijos e hijas están yendo mucho más allá, que están descontrolados, que a lo mejor cuelgan una foto de la que se arrepientan luego... Hay motivos para estar preocupado.

Por último, el tema me tocó de cerca. Intento que mi hija de 6 años juegue en el parque como siempre, monte en bici, corra por ahí, vea pelis de Disney, en casa disfrute con los juegos de mesa, aunque también con apps educativas y didácticas. Reconozco que les pongo dibujos en el móvil o algún jueguecillo cuando voy con ellos a un restaurante y aspiro a tener una conversación con mi mujer o que nos dejen comer a gusto. Poco a poco llegarán la tablet, el móvil y las redes sociales. La niña me ve hacer fotos y ponerle un corazón a las que me gustan de

17

otros, pero poco más sabe de las redes sociales. Cuando publico imágenes de mis hijos son de espaldas o pixelados. Ella sabe que hay que preservar la intimidad, «porque nos pueden robar en casa si se enteran de que estamos de vacaciones». Voy inculcándole esas cosas. Sin embargo, un día me preguntó: «Papá, ¿por qué no me grabas un vídeo haciendo manualidades y lo subes a YouTube?». No lo esperaba. La pregunta me dejó perplejo. Vale, ha llegado el momento. Me toca abordar el asunto en casa, pero decidí también recopilar información y consejos de expertos que quizá puedan beneficiar a muchos otros padres y profesores, ya que estos últimos están casi más horas con ellos. De ahí nació Mi vida por un like.

Este no es un libro para amantes de las estadísticas. No tiene sentido imprimir sobre el papel cifras que varían cada treinta segundos, tanto en número de usuarios que utilizan la red social como en seguidores que tiene un youtuber *o* instagramer. *Tampoco se va a abusar de citar ejemplos concretos o* rankings *de los más populares, salvo en casos imprescindibles, por varias razones:*

1. *Eso varía y hoy estás arriba y mañana abajo. Surgen nuevos influencers cada minuto.*
2. *Alguno que otro puede que se moleste por determinadas opiniones y hechos que se exponen en este libro y podrían movilizar a sus fieles contra el autor o la editorial.*
3. *Tampoco hay por qué darles más publicidad ni notoriedad de la que ya disfrutan.*

Por otra parte, ante la proliferación de libros que recogen todo lo que sale de la cabeza del autor de turno sobre el tema que sea —con sus teorías, recomendaciones y moralinas varias incluidas—, queremos resaltar que para escribir esta obra se han realizado cientos de entrevistas a muchas personas relevantes en este campo, fuentes solventes y acreditadas de las que algunas están citadas de forma expresa y otras no por motivos variados. Psicólogos, psiquiatras, sociólogos, publicistas, expertos en marketing, *periodistas, pediatras, fotógrafos, pedagogos y muchos otros profesionales de todo el mundo nos ayudarán a entender a los nuevos héroes de la era digital que cautivan las mentes de los menores. Y por supuesto, las opiniones sobre su propio éxito, debilidades y flaquezas de algunas de las estrellas de este fenómeno mediático-cultural-económico también tienen cabida en estas páginas.*

Tras abordar en las próximas páginas la esencia de las redes sociales y la vida idealizada que podemos mostrar en ellas, conoceremos el mundo de los llamados influencers. *Resulta fundamental acercarse a lo que hacen las estrellas de las redes, porque nuestros hijos no hacen sino reproducir y copiar fielmente el comportamiento de sus referentes en el panorama digital. Después expondremos las diferentes vías que tienen los menores para alcanzar la notoriedad a la que aspiran y satisfacer esa necesidad de ser aceptados, como publicar* selfies *extremos, grabarse llevando a cabo retos peligrosos o mostrando su cuerpo desnudo, entre otras acciones que padres y maestros deben saber afrontar con sus hijos y alumnos antes de que sea demasiado tarde. También nos centraremos en los niños más pequeños y su precocidad en plataformas como YouTube o Musical.ly donde exhiben comportamientos de adultos o jóvenes, que a su corta edad les pueden acarrear más de un problema. Por último, veremos hasta qué punto las redes sociales pueden dominar —aún más— nuestra vida en un plazo muy corto de tiempo.*

Si usted no está muy familiarizado con las redes sociales avance hasta la página 183, de lo contrario pase a la página siguiente.

Compartir es vivir,
ahora y antes

Cuando una persona comparte un contenido cualquiera en una red social lo hace movido por la convicción de que esa foto, vídeo, cita, pensamiento, noticia, canción, dibujo o enlace hacia una página web puede resultar de interés para otros, principalmente para sus amigos y conocidos. Esa es la filosofía de base. Pero para comprender nuestra forma de usar la tecnología, a veces lo mejor es recordar —si no has nacido ya con eso inventado, claro— cómo se hacían las cosas en un pasado relativamente reciente. Porque enseguida te das cuenta de que la tecnología solo ha hecho más fácil y rápido llevar a cabo tareas que ya hacíamos en el mundo analógico. Tampoco se ha inventado nada.

Por ejemplo, imaginemos por un momento que estamos en los años ochenta y no existe internet. Llegamos al trabajo o al instituto y en un descanso, ¿acaso no surgían las siguientes conversaciones?:

— ¿Viste el gol de ayer de Butragueño?

— ¿Has oído la nueva canción de Bon Jovi? ¿No?, te la pongo en el walkman.

— Acabo de revelar las fotos del viaje a París, las he traído para que las veáis.

— Oye, puedes firmar esta petición para que aumente el subsidio por desempleo. Este Gobierno no ha puesto ninguna medida de carácter social en marcha.

— Mira mi nueva camiseta…

O alguien escribía en la carpeta del instituto algo como «Si lloras porque no viste el sol las lágrimas no te dejarán ver las estrellas». Hay miles de ejemplos de cómo antes de los *smartphones* y las redes, hombres, mujeres y niños se expresaban y actuaban como ahora. La diferencia radica en que hoy resulta extremadamente fácil que todo lo que se nos pasa por la cabeza o le queremos contar al mundo llegue a miles o millones de personas y no solo a cuatro colegas.

En la frase del gol, el que vio el partido describía como podía la jugada a su interlocutor. Ahora no hace falta buscar las palabras adecuadas para narrar por dónde entró el balón a la portería: según traspasa la red el vídeo está colgado para deleite de quien no pudo verlo en directo.

Cuando se trataba de fotos personales, hace veinte o treinta años, el orgulloso ser que acababa de recoger sus fotos —y los negativos— mostraba las imágenes en papel a los demás y esperaba comentarios elogiosos de su talento para la fotografía y también otros con una pátina de envidia sobre el impresionante monumento retratado. Y, por supuesto, alguna referencia a lo guapos y morenos que estaban en el viaje. ¿No es parecido a lo que sucede en vacaciones con Facebook e Instagram?

En el caso de quien enseñaba al grupito en aquellos años su nueva ropa, también esperaba que un amigo o amiga alabara la gran compra que había hecho y cómo resaltaba su figura. Como se puede comprobar sin mucho esfuerzo, las situaciones no cambian, solo que, a día de hoy, las reacciones sobre las fotos, sobre nuestra frase genial o el *look* no se limitan a los presentes, sino —para bien y para mal— a una inmensa audiencia formada por amigos, conocidos y desconocidos.

Es decir, que antes y ahora el ser humano expresa cierta tendencia a compartir opiniones y parcelas de su vida privada; que personas de su entorno ven y escuchan y que, en ocasiones, reaccionan a lo expuesto por otro.

Siguiendo con el ejemplo del instituto del 86, cuanto más guapos/as, populares, «guays», graciosos/as eran los alumnos, más gente de ese microcosmos estudiantil se fijaba en su ropa, se reía con sus comentarios y los miraba aspirando a ser un día uno de ellos. Hoy sucede lo mismo, pero multiplicado por algunos cientos de miles de admiradores.

La tecnología no implica cambios sustanciales en la naturaleza humana ni en los comportamientos y actitudes de las personas. Muchas veces solo se ven afectados factores como el número de semejantes con los que podemos tener contacto, la inmediatez de la comunicación o el medio físico en el que tienen lugar esas acciones. Antes de entrar en lo que hacen los menores, póngase usted como ejemplo y piense: ¿Qué le lleva a compartir una foto de sus vacaciones?

El placer de un *like*

¿Necesitamos ser aceptados? ¿Hay que gustar —*like*, en inglés— a todo el mundo, incluso a los desconocidos que nos deberían importar un pimiento? ¿Son los *likes* la nueva droga de internet? Cuando publicamos una foto en las redes sociales, obviamente, es para que otras las vean. De lo contrario las pondríamos en un marquito, en un álbum o en el disco duro del ordenador o la memoria del teléfono. Pero queremos que todas las personas con las que nos relacionamos —o la Humanidad entera según el caso— contemple con admiración lo captado por la cámara. Puede ser un vídeo de una hoja meciéndose en el viento, una foto de un pie o nosotros mismos muy guapos, interesantes, elegantes, modernos o de algún modo atractivos. Una vez publicada la imagen llega la opinión del público, los aplausos por la belleza que refleja o el mérito artístico de tomarla. Nadie puede negar eso, porque, he dicho antes, si ese no fuera el fin nos guardaríamos la imagen para nosotros o nuestro círculo más cercano.

Cuando publicamos algo en redes sociales esperamos una reacción. Muchas personas dedican mucho tiempo —demasiado quizá— a comprobar si su vídeo o imagen ha tenido el éxito esperado. Cuando el usuario es un aspirante al concurrido firmamento digital, la popularidad del contenido le puede llegar a obsesionar porque es el camino hacia la meta de llegar a convertirse en un *influencer*. En el caso del vídeo, llegado a cierto nivel, las visualizaciones se convierten en dinero, y con las fotos la cifra de corazoncitos de Instagram marcará si vamos por buen camino. Pero la pregunta es: ¿Se siente un placer especial al recibir muchos «me gusta» a nuestra publicación?

John Suler, profesor de Psicología de la Universidad Rider, de Nueva Jersey (EE. UU.), autor del libro *Psicología de la Era Digital*, explica que «les ayuda a sentirse reconocidos, admitidos y ser buenos consigo mismos. Ayuda a validar su experiencia. Pero las personas pueden volverse demasiado dependientes de eso. Mis alumnos me cuentan cómo a veces eliminan una foto que expresa algo importante sobre ellos mismos simplemente porque no recibió ningún "me gusta". En ese caso, la identidad de uno NO se valida y, de de hecho, al eliminar esa publicación, la persona niega algo importante acerca de sí mismo».

Recibir muchos *likes* podría asemejarse a obtener una especie de recompensa por un contenido del que nos sentimos orgullosos, ya sea haber conseguido captar el momento en que una abeja poliniza una flor o —y esto es lo más frecuente por desgracia—, ¡qué bien me sienta esta camiseta!

La psiquiatra Lola Morón asegura, en un artículo publicado en *El País Semanal*, que «el verdadero valor del "me gusta" es confirmar que nuestras acciones son observadas y evaluadas positivamente. Esto nos hace sentir el placer del triunfo, del objetivo conseguido. Cuando mostramos una faceta de nosotros mismos y recibimos un *feedback* que la valida se activan los circuitos cerebrales del refuerzo, lo que provoca que queramos más. Y esto acaba funcionando como una droga. Cada nuevo "me gusta". refuerza una conducta que nos lleva a repetirla; necesitamos más y más y más, como ocurre con cualquier adicción».

Juan Coullaut, también psiquiatra, hace referencia «al tan famoso y estudiado mecanismo del condicionamiento clásico de Paulov y de poder del reforzador positivo. La persona recibe un refuerzo positivo muy poderoso que hace que su conducta se vea repetida en el tiempo; todos de alguna forma actuamos y hemos aprendido algunas de las cuestiones más elementales de nuestra conducta a través de este mecanismo a lo largo de nuestra vida. Profesores y padres marcan nuestro comportamiento con premios y castigos; si atendemos el profesor al final de la clase en primaria nos dará un caramelo o si saco malas notas no tendré el balón de fútbol soñado. Otra cosa que debemos mencionar, aunque sea de forma superficial, serían los mecanismos dopaminérgicos de placer involucrados en la actividad en las redes sociales».

Los psicólogos opinan que, si una persona es vanidosa o tiene mucho ego, lógicamente el éxito de su publicación aumentará el ya de por sí elevado concepto de sí mismo. Le reafirma en su visión de que es una persona atractiva, querida, interesante y con un montón de cualidades positivas. Pero —señala el psicólogo, Alex Palau, del Centro de Salud Mental Infantil y Juvenil Sant Joan de Déu de Lleida—, «en muchos casos solo son personas que desean compartir un buen momento y reciben un *feedback* positivo de los demás. También hay gente en muchos otros ámbitos que cuando tienen algo que les encanta, se sienten en la "obligación" de compartirlo con los demás y no guardarlo solo para ellos. Muchos son los que escriben un libro argumentando que se sentían en el deber de compartir esas líneas con los demás y que aprecian que haya tenido buena acogida. ¿Una foto no es igual? ¿Tienes que ser un gran escritor reconocido o artista para compartir algo muy especial para ti?».

 *Los* likes *o los «me gusta» son una forma de aceptación, de refuerzo positivo o de recompensa emocional. Pero algunas personas llegan a obsesionarse con que esa publicación obtenga un alto número de* likes, *sobre todo cuando quieren convertirse en* influencers.

Inventarse
un nuevo yo

Las redes sociales son como un espejo mágico sobre el que podemos proyectar una imagen idealizada de nosotros mismos. Ya no es solo porque al seleccionar las imágenes donde nos vemos más favorecidos ya estamos alterando la realidad. Eso es el nivel más bajo de la escala de engaño que permiten. Por ejemplo, una persona de naturaleza perezosa a la hora de hacer ejercicio publica unas estudiadas fotos haciendo deporte y un comentario de «machacándome en el gimnasio» y parece que es constante y esforzado. Algo similar sucede con el que posa con un libro concreto que nunca ha leído (ojo, cuidado con sostener el libro al revés y simular leerlo o podremos ser el hazmerreír de nuestros contactos. Ya ha ocurrido). La comida, otro caso análogo. Cualquiera puede mostrarse como un devoto de la comida sana en público y en su vida *offline* hartarse a bollos y a chucherías. Engañar resulta muy fácil.

Pongamos otro ejemplo. Cuando alguien se crea un perfil en una aplicación, página web o servicio enfocado a encontrar pareja -esporádica o estable- resulta tan importante captar la atención de otros usuarios que "adornamos" nuestras cualidades de alguna manera. En esos perfiles todo el mundo cuelga una foto donde parece modelo profesional y esboza una descripción personal lo suficientemente interesante como para despertar la curiosidad de muchas potenciales parejas. Cuando esas citas se llegan a materializar, los ojos y los oídos se ven golpeados por una ola de decepción, porque ni la persona tiene ese aire de galán de cine ni su conversación es digna de Jean Paul Sartre.

Pero en las redes sociales, donde no tiene por qué haber jamás una interacción física con los seguidores, la fachada perfecta que hemos inventado se puede mantener durante muchísimo tiempo. En casos extremos, el menor podría llegar a vivir dominado por la personalidad idealizada de las redes sociales mientras que la real, la que muestra en la calle, le genera una gran infelicidad en contraposición a la virtual. «En realidad, la tecnología lo que hace es agudizar tendencias preexistentes. En un clásico de los años 90, de Joshua Meyrowtiz, se partía del concepto de dramaturgia social (la vida social vista como una obra de teatro, donde cada uno interpreta uno o varios papeles) para explicar las transformaciones de las interacciones cotidianas por el impacto de la televisión. Esas transformaciones han sido mucho mayores con las redes sociales, sobre todo por el factor del anonimato, que antes apenas existía. Tenemos la posibilidad de inventarnos personalidades descartables con una facilidad pasmosa, con distintos objetivos: lúdicos, sentimentales, sexuales, laborales, etc. Esas personalidades pueden explotarse conforme a las pautas que nos ha enseñado el *Star System* cinematográfico, con la peculiaridad de que ahora no hace siquiera falta saber arte dramático o ser guapo, basta con dominar las nuevas reglas de sociabilidad digital, que permiten esos curiosos fenómenos de divismo de los *influencers*. El modelo de éxito a toda costa y de los cinco minutos de fama promovido por el *Star System* televisivo ha calado profundamente incluso en los niños», explica Pablo Francescutti, doctor en Ciencias Políticas y Sociología y profesor de la Facultad de Ciencias de la Comunicación de la Universidad Rey Juan Carlos, de Madrid.

La era dorada del postureo, dos ejemplos

Imaginemos por un momento que en lugar de estar aburrido en casa frente a la tele o buscando comida en algún suburbio de una capital africana tenemos la fortuna de ser invitados a una presentación de un producto, una nueva marca de ropa, por ejemplo. El evento es una fiesta con DJs internacionales, famosos, en el local más de moda, con el mejor *catering* de la ciudad. Puede ser una noche inolvidable o al menos divertida para los habituales de estas convocatorias. Sin embargo, nadie piensa en divertirse una vez dentro, en vivir la experiencia. Todo el mundo está buscando la foto ideal, la mejor pose, la bebida que mejor combina con la ropa, una foto con alguien con altas dosis de fama y muchos admiradores. No importa lo que está pasando, si la música es buena, si allí se encuentra alguien que cambiaría nuestro destino o si la comida es de 10. Solo vale lo que van a plasmar las fotos, los vídeos y la retransmisión en directo desde nuestro móvil… y en lugar de relajarse y disfrutar los invitados se esfuerzan en el resultado en las redes en vez de paladear por un segundo la vida.

Otro ejemplo de la irreal visión de los buenos momentos que ofrecen las redes sociales son las estudiadas risas de los grupitos de chicos y chicas que pueblan Instagram. Son como catálogos de moda, sonrisas tan falsas como una moneda de chocolate. Porque si por casualidad uno pretendiese retratar un momento de risa colectiva ante un chiste o porque a otro le ha defecado una paloma en la cabeza, las caras serían un conglomerado de músculos faciales en contracción y distensión y muchos de los protagonistas de la imagen no se verían demasiado guapos en ellas. No, son sonrisas impostadas porque además son conscientes de que alguien está tomando la foto de frente. Son risas medidas y estudiadas, cabezas ligeramente torcidas en una composición equilibrada. Esas amigas de viaje, ese grupo de jóvenes, son la esencia de la sociedad actual donde lo crucial no es disfrutar, no es besar, respirar o emocionarse, sino parecer tan feliz y privilegiado como para desatar suficiente envidia.

Las redes permiten idealizar nuestra vida, proyectar la mejor imagen posible a base de fotos que no siempre son fieles a la realidad por estar demasiado pensadas, posadas o retocadas. También expresar ideas o reflexiones filosóficas que no haríamos en una conversación espontánea cara a cara con otro ser humano. Algunas personas crean incluso una personalidad paralela en redes sociales como alternativa a su realidad del día a día que, en el caso de los adolescentes, suele ser fuente de inseguridad y frustración. Pero la vida virtual no se saborea igual que una experiencia real. ¿Por qué el **homo sapiens** *del siglo* XXI *prefiere retransmitir o grabar un concierto para colgarlo en las redes sociales en lugar de disfrutar de la música?*

¿Qué es un *influencer*?

Millones de personas corrientes publican a diario en sus perfiles de Instagram o en el canal de YouTube sus contenidos por mera voluntad de compartir detalles de su vida, creaciones u opiniones. Eso, como veremos más adelante, tiene su cara y su cruz. Pero otros individuos dan un paso más allá y otorgan a esa actividad, que para otros solo es ocio, un estatus de puesto de trabajo.

Está claro que nuestra actividad profesional nos define como personas mucho más de lo que pensamos. Cuando alguien describe a un tercero enseguida aporta información sobre su profesión: «Mi primo Pepe tiene 30 años y es arquitecto»; «Julia es una chica estupenda, ingeniera informática en una gran empresa...». Cada vez más personas se autodefinen o son definidas como *youtuber, blogger* o *instagramer* cuando se ganan la vida gracias a las redes sociales, dicen ganársela así o aspiran a hacerlo tarde o temprano. Normalmente, en su perfil profesional no figura —de momento— únicamente su faceta como creador de contenidos en redes sociales, sino que suele ser el complemento. «Modelo e *instagramer*», «Periodista y bloguero/a», etc. Es como el «apellido» perfecto para el CV actual en según qué campos.

Si alguien quiere saber si esa o ese modelo o periodista es un buen profesional puede que tenga que revisar muchos trabajos, hacer entrevistas personales y preguntar a mucha gente. Pero para comprobar si se le da bien su «profesión» alternativa en redes sociales solo tiene que remitirse a su número de seguidores. En este mundo donde prima la inmediatez y la simpleza es la nueva carta de presentación, un apartado más en un perfil profesional con cada vez más peso específico.

Cuando por la razón que sea alguno de estos últimos «-ers» acumula decenas o centenares de miles de visitas a sus vídeos, fotos o textos se entiende, tras una deducción sencilla y lógica, que a la gente le interesa lo que hace, dice o piensa esa persona. Entonces toca el cielo: ya es un *influencer.*

Tal y como lo recoge Fundéu (Fundación del Español Urgente, fundación patrocinada por la Agencia Efe y el BBVA y asesorada por la RAE), «especialmente en el mundo de la mercadotecnia y las redes sociales, se usa la palabra *influencer* para aludir a personas con conocimiento, prestigio y presencia en determinados ámbitos en los que sus opiniones pueden influir en el comportamiento de otras muchas personas».

Antes de la irrupción de las redes sociales —y de internet en general— también había *influencers,* aunque nadie los llamara así. Si un cantante se ponía una camiseta o un futbolista estrenaba peinado, muchos seguidores lo imitaban, solo que en lugar de apreciar esos *looks* en Instagram lo veían en televisión o en una revista.

Pero ahora los llamados *influencers* son muchos más y les rodea un entorno comercial,ególatra y cambiante. La clave reside en su capacidad para generar reacciones y opiniones entre los usuarios cuando hablan sobre un tema o ámbito en el que tienen cierta credibilidad y autoridad, sea moda, tecnología, videojuegos o coches.

El catedrático de Teoría de la Información de la Universidad Complutense, Jorge Lozano, sugiere «que se atienda a la fama como un criterio sustitutivo, por ejemplo, de la excelencia, de la autoridad en sentido clásico, o del experto con mayúsculas. Es una sustitución que depende obviamente de las redes y del régimen de visibilidad actual. En dos palabras: no se busca al sabio (escasamente accesible), sino al famoso (obscenamente visible)». Es una especie de gurú del siglo XXI, un predicador de tendencias. Equivale a lo que en otras épocas se ha denominado un líder de opinión. Además, sabe cómo conectar con su público objetivo. Esto hace que el *influencer* sea atractivo para las empresas y le busquen para trabajar con sus marcas y productos.

Ya no se dispara con balas de cañón como cuando se emite un anuncio en televisión y lo ven a la vez el adolescente, el abuelo, el rico, el analfabeto y hasta el que odia los anuncios, si es que en ese momento no aprovecha para asaltar el frigorífico. No, en este caso, el individuo escoge ver ese vídeo y a ese *youtuber* hablando sobre un tema concreto. Nunca los consumidores estuvieron tan segmentados y tan atentos para lanzarles un mensaje comercial directo o encubierto como veremos en futuros capítulos.

Aunque no todo hay que verlo desde la óptica del *marketing*, un *influencer* puede hablar de sus ideas políticas y llegar a miles de personas —imaginemos a Hitler con redes sociales—, o puede transmitir conocimientos sin ánimo de lucro o cantar por exhibir su arte. Será un *influencer* si personas anónimas y corrientes le ven, le escuchan, le imitan y le hacen caso.

 *¿Conoce a su hijo o hija? Pregúntese qué* **influencers** *pueden atraerle, con objeto de identificarlos y estar prevenido si sale su nombre en una conversación doméstica, que le suenen al menos algunos de los más populares.*

10 tipos de *influencer*

A grandes rasgos, se puede agrupar a los protagonistas de las redes sociales en varias categorías. Siempre hay individuos inclasificables que publican contenidos que se salen de lo común, pero los más exitosos *blogueros, youtubers* o *instagramers* se engloban en los siguientes ámbitos.

1. *Healthy*/Vida sana/Ejercicio

En la vida idílica que muestran las redes sociales se excluyen o marginan flaquezas humanas como degustar comida basura, sufrir obesidad o fumar y beber alcohol. Lo cual, como veremos más adelante, tiene su aspecto positivo. En esta categoría encontramos desde entrenadores personales a personas que comentan ejercicios para lucir abdominales perfectos o productos que mejoran el rendimiento, pero también recetas saludables, comida sana, espiritualidad, yoga y todo tipo de conceptos que se engloban bajo el paraguas de lo que se ha llamado *mindfulness*.

2. Moda

Es uno de los campos que mueven más seguidores y dinero de las marcas. Chicos y chicas jóvenes marcan tendencia creando y descubriendo nuevos *looks*, comentándolos y luciéndolos en sus propias carnes. Su éxito es arrollador. Algunas personas ven en este mundillo una concentración de banalidad, ostentación y pijerío, pero la realidad es que las *influencers* de moda están cambiando la forma de comunicar, vender y mostrar de una industria que mueve a nivel global una cantidad equivalente a tres veces el Producto Interior Bruto de España.

3. Belleza

Guarda relación con lo anterior y a veces las fronteras son permeables. Se engloban en este caso tendencias de maquillaje, peluquería y todo tipo de cremas y tratamientos estéticos. Algunas de las estrellas en este campo buscan un estilo narrativo muy particular, naíf o gracioso que capte la atención del espectador. De lo contrario, enseñar y extender en su piel lociones o simplemente pintarse la cara podría ser un poco tedioso. Tienen su público porque las lecciones y trucos de maquillaje son algo que los seguidores pueden aplicarse a sí mismos. Obviamente, esta parcela del universo *influencer* mueve también mucho dinero de las grandes casas comerciales.

4. *Gamer*

Los videojuegos suelen englobar a un público muy característico y, sobre todo, muy fiel. Son los reyes de YouTube, ya que su presencia en otras redes sociales no tiene mucho sentido. Sus vídeos muestran sus partidas y se acompañan de sus comentarios. A veces hacen algún *sketch* o bromas. A juicio de muchos adultos, la sucesión de comentarios zafios, palabrotas y tonterías de toda índole que salen de la boca de estos chicos se podría resumir en la palabra «niñatos». Sin embargo, con la aparente banalidad de sus partidas enganchan a millones de adolescentes que disfrutan a raudales. Es como si ellos mismos estuvieran jugando a la consola o el PC. En el fondo, comentar videojuegos en tiempo real con los amigos es algo que ya se hacía en las casas con la consola o ahora en red. Cada jugador está en su domicilio, pero comentan con auriculares y micro cómo se va desarrollando la partida, se insultan y se echan en cara si uno metió un gol o disparó al otro.

5. Cocina o gastronomía

Los críticos gastronómicos aficionados, gente que disfruta con la comida o *foodies* han proliferado en la sociedad y, por ende, en las redes sociales. Dentro de este ámbito hay dos tipos de *youtuber*: los que emulan a Karlos Arguiñano y van explicando la receta de un plato mientras la preparan en su cocina, lo que resulta muy útil en ocasiones; pero también engloba esta categoría a los *foodies* que comentan platos de prestigiosos restaurantes. En este caso su actividad se deriva más hacia un blog o hacia Instagram más que a YouTube. Publican fantásticas fotografías de los platos, la decoración, etc., aunque a menudo degusten los platos fríos después de buscar la foto perfecta. Eso si llegan a probar los platos, algo que nadie te garantiza, ni que su opinión esté fundamentada en algo.

6. Viajes

Los aficionados a recorrer el mundo en la era previa a las redes sociales ya tomaban miles de fotografías, escribían sus notas, documentaban las anécdotas del sitio visitado, etc. Así que la evolución es lógica: ahora comparten esas fotos y sus impresiones sobre el destino como lo haría un periodista —salvando las distancias— especializado en viajes y turismo. Como ocurre con los que visitan restaurantes y, por supuesto, los de moda y belleza, aquí los *influencers* entran en un peligroso juego de intereses por parte de los hoteles, turoperadores, oficinas de turismo o aerolíneas que les invitan a los viajes.

7. Familia/maternidad

Otras personas que han encontrado acomodo en la nueva era son los que hacen vídeos enfocados al cuidado de los hijos o de la familia en general. Madres en situación de agobio permanente por intentar conciliar vida laboral y familiar, primerizos despistados, gente con hijos rebeldes... Hay muchas personas que se identifican con los *influencers* de este grupo.

8. Tecnología

Ahora se les llama *tekkie* a las personas que aman más su ordenador y su teléfono que al prójimo o emulan el *look* del malogrado Steve Jobs. También tienen mucho éxito los vídeos en los que se desempaqueta —ahora le llaman *unboxing*— un *smartphone* o cualquier otro dispositivo tecnológico y se prueba su capacidad y rendimiento, o se comenta el diseño, etc. Muchas personas recurren a esas *reviews* para decidir qué móvil comprarse, por ejemplo. Como pasa en los otros ámbitos, hay auténticos histriones y frikis y otros más profesionales que evalúan el producto desde un punto de vista más técnico.

9. Entretenimiento

Determinados individuos hacen verdaderos *shows* a través de su canal de YouTube. Evidentemente, todos los *youtubers* buscan que sus vídeos sean amenos y entretenidos, pero en este caso nos referimos a personas que directamente actúan de alguna forma frente a la cámara: pueden contar chistes, interpretar monólogos —muy buenos algunos de ellos—, hacer malabares o mostrar cualquier tipo de habilidad.

10. Famosos/*celebrities*

Son personas que por una razón u otra ya son conocidos en el mundo *offline* por su trabajo —Ronaldo o Messi acumulan millones y millones de seguidores en redes sociales— o por su aparición en revistas del corazón. Actrices, cantantes, presentadores de televisión, escritores… dependen de alimentar su figura en redes sociales para seguir en el candelero. Cuanto más viven de su imagen más importante es mostrarse guapo y estiloso, y *sexy* en muchos casos.

 *¿Qué áreas pueden interesar más a su hijo o hija? Por lo general, los chicos suelen decantarse por videojuegos y las gamberradas más absurdas. Ellas prefieren la moda y el maquillaje. Atención al tema del* fitness: *mal enfocado puede traducirse en una insana obsesión por el ejercicio.*

Las claves de la influencia digital

El hecho de grabar un vídeo o poner una foto en Facebook o Instagram y que ese contenido tenga una gran aceptación no nos convierte de la noche a la mañana en alguien con capacidad de influencia. Podemos grabar un vídeo muy gracioso de un bebé que asusta a un gato y que tenga millones de visualizaciones; a la gente le parecen monos los niños muy pequeños y en redes sociales el gato es un animal emblemático por alguna incomprensible razón. Pero eso no nos dará poder para sentar cátedra ni sobre puericultura ni sobre los cuidados del dichoso gato.

Podemos subir un contenido que se haga viral y tenga muchas visualizaciones y «me gusta» pero no hay interactividad con nadie. Incluso el éxito de una publicación puede elevar sustancialmente el número de seguidores del autor, *fans* que quizá esperan nuevas entregas similares al vídeo o la foto que han visto una vez, pero eso no implica que el que lo ha colgado sea un *influencer*.

Por ejemplo, hay varios *youtubers* muy populares que se dedican a gastar bromas pesadas a los viandantes. Alguno de ellos ha sido incluso agredido, denunciado o detenido. Puede que muchas personas vean sus vídeos, pero no está tan claro que gocen de respeto ni que sean prescriptores de más cosas que su estupidez.

El *influencer* se puede calificar como tal cuando desencadena una cadena de boca a boca y su opinión inicial sobre una marca o producto, por ejemplo, llega a sus seguidores y a la vez estos generan conversaciones a largo plazo sobre esos productos, alcanzando a un público más extenso. Para ello, es necesario que el *influencer* reúna una serie de características y virtudes, como las que recoge Editorial Merca2.0:

— Crear eco, que sean capaces de movilizar la opinión del público y crear reacciones en torno a un tema específico.

— Que tenga una audiencia, personas que sigan sus pasos… el *influencer* debe ser ejemplo a seguir de personas que se labran una carrera en determinado ramo. Debe tener constante exposición.

— Participar de forma activa y frecuente en conversaciones en torno a su labor, como por ejemplo en congresos, eventos. Es importante que se mantenga actualizado en el tema para así no quedarse estancado en viejas tácticas.

Hatch hizo una lista en el año 2012 sobre las características que debe tener un *influencer*:

— **Especialista:** El influenciador es una persona que consume mucha información para posteriormente poderla generar. Se especializa en un tema en concreto y habla sobre él. Define su perfil de seguidores a través del ámbito sobre el cual aporta información y opinión.

— **Partícipe:** Los *influencers* suelen interactuar y participar con sus seguidores. Así, cuando publican contenido, estos están más predispuestos a compartirlo.

— **Difusor:** El influenciador difunde contenidos de interés para sus seguidores a través de diversos canales *online*.

— **Prescriptor:** Su principal fin en las redes sociales es el de recomendar a sus seguidores ciertas afirmaciones sobre el tema en el que el influyente es especialista.

— **Creíble:** Esta es una característica básica para toda persona que ejerza influencia en la red. De hecho, es uno de los principales motivos por el que consigue sus seguidores: porque confían en él y creen aquello que les cuenta.

— **Convocador:** Es una persona que además posee un fuerte poder de convocatoria, y es capaz de movilizar a las personas a través de los medios sociales *online*.

— **Líder de masas:** Por último, y no menos importante, no debemos olvidar que un influenciador debe tener un público que lo escuche y le siga, ya sea mayor o menor.

(H. Hatch, 2012, *www.merca20.com*).

Haga el siguiente ejercicio. Pruebe a buscar cuáles son los vídeos más vistos, a lo largo del tiempo y en el momento actual, y analice por qué acumulan tantas visualizaciones.
¿Le han gustado? ¿Cuáles de ellos y por qué?
A lo mejor se ha reído un poco o bastante con el discurso del youtuber *o cree acertado el truco para tener fondo de armario que ha visto. Puede que siga sin entender el éxito del autor o a lo mejor le ha gustado como le ha ocurrido a tantos millones de seres humanos.*

Diferencia con los famosos «tradicionales»

Hubo un tiempo en el que los famosos a los que admiraban los adolescentes gozaban de tal estatus si sus fotos forraban las carpetas escolares y las paredes de los dormitorios en formato póster. Cantantes, actores y deportistas abarcaban el *Star System* de los más jóvenes. Luego había una serie de personajes de «la vida en rosa» que salían en las revistas sin más mérito que su noble cuna o haber sabido acercarse, incluso hasta la unión matrimonial —y el divorcio posterior— a una de las estrellas originales del mundo de la música, el cine, el arte, la política o los deportes.

Esos famosos eran conocidos por sus apariciones en televisión, radio, periódicos y revistas. Conforme surgen más canales de comunicación, como las redes sociales, ellos también expanden su fama en ellos y logran en tiempo récord millones de seguidores. De hecho, Ronaldo o Messi están en el TOP mundial de seguidores en redes sociales. Es lógico. Las *celebrities* de todos los campos necesitan hoy en día de las redes sociales para retroalimentar su fama y, por supuesto, amasar más dinero en campañas publicitarias.

No obstante, los padres no estarían preocupados por quiénes son los nuevos ídolos de sus hijos y los mensajes, valores e ideas que estos les transmiten si estos pertenecieran al grupo de celebridades tradicionales. En esos casos, los adultos, en mayor o menor medida, conocen a la figura idolatrada. Por la calle podrían identificar a una actriz conocida por sus papeles en series o películas, a un cantante, incluso a tertulianos o presentadores de informativos televisivos etc. La típica escena de verle en un restaurante, mirarle, cuchichear y, si se reunía el valor suficiente, molestarle para que se hiciera una foto con nosotros. Todo eso sigue existiendo con esos famosos identificados e identificables por el público adulto.

Sin embargo, hay otras personas que han alcanzado una fama inusitada en redes sociales y no es derivada de una actividad previa *offline*, es decir, en la vida real. Mientras que el famoso «tradicional» ha alcanzado el éxito profesional en la música, el cine o los deportes, y de ahí su fama y reputación, la nueva generación goza de popularidad por lo que cuelga en las redes sociales, sus vídeos, sus blogs, etc. No ha publicado ningún disco, ni desfilado en París, ni ganado la Champions League, ni protagonizado una película. En la mayor parte de los casos, su única habilidad demostrada es su capacidad para contar cosas, jugar a videojuegos o mostrar artículos; y la forma en la que lo llevan a cabo, por alguna extraña razón, gusta a un público muy amplio. También hay artistas, cantantes, poetas… todos tienen en común que su plataforma de lanzamiento al éxito ha sido, por así decirlo, un escenario «virtual». Un cantante de talla internacional, por ejemplo, alberga un talento al interpretar o componer, probablemente empezó desde cero, tuvo que asistir a audiciones de todo tipo, quizá tocó en la calle… en resumen, tras esa figura de éxito subyace una cierta cultura del esfuerzo sostenida en el tiempo. Los deportistas entrenan para ser mejores en su trabajo y estar en forma, mientras que los actores y actrices han peleado por cada papel contra muchos aspirantes, deben aprender un guion, deben conmover, transmitir Por otra parte, la glamurosa vida de una modelo está llena de sinsabores, de viajes, de estrés y de mucha presión.

Niños y jóvenes —y adultos también— perciben que esa fama obedece a unas cualidades destacadas en ese individuo, a una forma de cantar, de correr o de escribir que está a años luz de nuestras habilidades en la vida. Por eso se les admira y por eso ganan mucho dinero, porque mucha gente está dispuesta a pagar una entrada para verlos hacer su trabajo.

Eso queda lejos del *influencer* que se toma fotos (aunque sí hay trabajo —muchísimo— detrás de cada disparo) o que está jugando a videojuegos entre exabruptos. Algunos ganan dinero y tienen gente que les admira a raudales, y mucho mérito tiene conseguir ambas cosas. Pero no está claro si cuando miren atrás sentirán el mismo orgullo que expresa y siente, entre lágrimas, aquel director, actor o actriz que sostiene un premio Oscar en las manos o esa gimnasta que ha ganado el oro en asimétricas en unos Juegos Olímpicos tras tantas horas dedicadas a su profesión, por tanto sacrificio personal, por el brutal esfuerzo que ha supuesto alcanzar el éxito.

Existe otra diferencia sustancial entre *influencers* y famosos y esta radica en que los seguidores del primero suelen estar muy segmentados; a lo mejor son de un sexo mayoritariamente y en un tramo de edad muy concreto. Por eso, mientras que a un futbolista le conocen desde los niños a los ancianos, a algunas de esas otras estrellas del firmamento «social», muy pocos o solo los más jóvenes le reconocerían por la calle.

Si lo llevamos al campo de la publicidad, con las celebridades tradicionales se pueden anunciar muchas marcas de todo tipo, mientras que en el caso del *youtuber* o el *instagramer*, las marcas que recurren a ellos guardan vinculación con la temática de los contenidos que sube a sus redes el *influencer*. También hay otro matiz importante que juega a favor de los influenciadores de nuevo cuño y que luego analizaremos en profundidad y es la auténtica o pretendida «naturalidad». Esa es su fuerza. De toda la vida recordamos a un famoso dando un trago de una bebida refrescante y poniendo cara de felicidad y éxtasis, pero todo el mundo entiende que el famoso posa y actúa ante la cámara y lanza el eslogan de turno. Pero no hay una creación de contenido nuevo, propio u original. Dice lo que le digan que diga cuando las cámaras se ponen en marcha. De hecho, su capacidad de convencer con argumentos o con palabras está en duda, así que es todo muy estético y poco más. El *influencer*, sin embargo, desarrolla un discurso propio y original en torno a la marca y expresa unas opiniones, suelta unos chistes o da volteretas con el refresco de fondo, pero nunca o —casi nunca— hace un anuncio clásico y convencional. De todas formas, si el famoso de toda la vida aspira a que no se le esfumen sus ingresos por publicidad o presencia en eventos debe también conseguir legiones de seguidores en redes sociales. Las reglas han cambiado.

 *Las celebridades que deben su fama a su éxito profesional en el cine, el deporte o a la música, por ejemplo, han extendido —y rentabilizado— su popularidad a las redes sociales. Ahora conviven en ese ecosistema digital con personas que han alcanzado gran notoriedad como blogueros/as,* **instagramers** *o* **youtubers.** *Ahora algunos de estos* **influencers** *hacen el camino inverso y su vida empieza a ser noticia en los medios tradicionales. Actualmente empiezan a mezclarse y puede que muy pronto no haya distinción entre unos y otros y el nivel de éxito solo lo establezca el número de seguidores.*

¿Una vía fácil
para ganar dinero?

Para el gran público, algunos de los llamados *influencers* se han dado a conocer tras la publicación de noticias o reportajes en medios de comunicación tradicionales que revelaban las astronómicas cantidades de dinero que podrían ganar con sus vídeos o sus *posts*. En realidad, nadie sabe con exactitud cuánto facturan algunas de las estrellas de las redes sociales, pero como suele suceder, el mensaje que al final permanece es tan simple como que YouTube te puede hacer millonario de la noche a la mañana y puedes vivir a cuerpo de rey haciendo vídeos en lugar de desempeñar otro trabajo o estudiar una carrera.

Sería absurdo por tanto dar cifras, porque actualmente ni las empresas, ni las agencias de publicidad tienen muy claro cuánto hay que pagar a una persona relevante en redes sociales por promocionar una marca o producto. Luego están los ingresos que se derivan por la cantidad de personas que ven los vídeos que se cuelgan en YouTube. Pero el caso es que hay creadores de contenidos que sacan de los vídeos o fotos que comparten dinero para unas cañas, otros se llevan regalos, algunos ganan el equivalente a un salario medio y los menos obtienen ingresos muy altos de su «trabajo».

Como al ser humano le encanta simplificar las situaciones en lugar de analizarlas, al final los adultos, ajenos a las redes sociales que ven este panorama, piensan que es de locos que un niñato imberbe gane tanto dinero por hacer el tonto delante de una cámara. Mientras, los jóvenes consumidores de estos vídeos se frotan las manos, convencidos de que pueden vivir de jugar a videojuegos y emitir las partidas o de estrenar *looks* cada día, que es algo factible y realista.

Algo parecido pasó con el *boom* de los *reality-show* en televisión. Millones de niños y adolescentes pensaron que salir en la tele era la mejor manera de ganar dinero rápido. Un buen puñado de guapas y guapos —sin formación ni cultura— y otros con una gran capacidad para repartir insultos y generar polémica se estaban forrando en los platós televisivos. Y ellos perdiendo el tiempo en el instituto, ¡¡¡qué injusta es la vida!!!

Futbolistas de élite

Una vez más, el fútbol, como tema omnipresente en la sociedad, nos sirve para establecer paralelismos que ayuden a comprender la situación. Los menores ven que chicos y chicas no mucho más mayores que ellos supuestamente, se hacen ricos mientras viven una vida de *glamour* gracias a las redes sociales. Con las estrellas del deporte rey ocurre algo similar. Nunca dejan de escucharse expresiones como «le pagan un pastón por jugar con una pelota y entrenar tres horas al día». Parece fácil. Solo con ir un poco más allá, uno se da cuenta de que, por ejemplo, esos cientos de jugadores de élite son un 0,00001 por ciento (por decir algo) de los niños que jugaban al fútbol y aspiraban a vivir de ello. También, de que no les pagan por jugar, ni siquiera porque tengan talento, sino porque hay millones de personas dispuestas a comprar una entrada o suscribirse a un canal de pago en TV para verlos jugar. Y también ganan dinero anunciando bebidas o ropa deportiva porque la marca de bebida o de ropa vende muchas más botellas o prendas después de que la estrella del Real Madrid, el Barça o el Manchester United haya salido en un anuncio. Así de simple.

Pero hay algunas diferencias con el mundo digital. Por ejemplo, los consumidores de vídeos o los que ven las fotos en Instagram o siguen un blog en principio no pagarían por ese contenido. Otro factor diferencial es que, mientras que un deportista exento de talento en su campo nunca llegaría a la élite de su disciplina, puede darse el caso de que seres con una inteligencia limitada o sin capacidad de expresar una idea coherente triunfen en las redes sociales porque, como el universo, son infinitas y siempre hay personas que encuentran su nicho en otros semejantes que coinciden con su forma de pensar o actuar.

Como decíamos, la generación de creadores en las redes sociales tiene unos ingresos directos derivados de sus contenidos, principalmente en YouTube. Ganas más o menos en función del éxito de tu canal. Es como vender libros. Vendes mucho, ganas mucho. Gracias por comprar este libro, por cierto.

¿Cuánto ganan? En el mundo de las redes sociales es más complicado calcular los beneficios de los *influencers*, por más que se publiquen estimaciones. Se han pagado muchos miles de euros por una simple foto, sí. Pero no hay tablas salariales ni contratos marco. Las campañas de este tipo de publicidad se diseñan *ad hoc*. No hay cifras preestablecidas. Es uno de los mercados más libres y caóticos que existen. Pero, en resumen, es capitalismo puro y duro. Y si alguien en una empresa autoriza un pago de varios miles de euros porque un famoso escriba un *post* es porque cree que gracias a eso las ventas van a compensar con creces esa inversión.

Famosos procedentes de un fenómeno televisivo, como Selena Gómez o Paula Echevarría, ganan cantidades importantes por sus campañas en redes. Puede que nuestros hijos adolescentes sueñen también con ser como ellas, pero miran más bien a otras personas que eran anónimas hasta hace poco y han triunfado en las redes sociales, porque creen que esa evolución hacia el éxito sí es un camino que puedan recorrer sin necesidad de triunfar previamente en la música o en la interpretación. De entre este último grupo de *influencers* hay personas que ya son empresas y pueden facturar cantidades millonarias al cabo del año; luego hay quien ingresa el equivalente a un sueldo de directivo; y por último la lista de los que obtienen un sobresueldo o un salario de mileurista ya es interminable. A los ojos de un estudiante de instituto simplemente el poder obtener ingresos de los contenidos digitales que se ve capaz de realizar él o ella ya genera una aspiración quizás más atractiva, factible y divertida que ponerse a estudiar los «tochos» de Derecho, ¿no?

En cualquier caso, cuando alguien acumula una audiencia de cientos de miles o millones de seguidores es imposible que las marcas les ignoren como potenciales anunciantes o «prescriptores» (como si fueran médicos o enfermeros) de sus productos. El juego se complica...

 *Muchos famosos tradicionales ganan aún más dinero cuando, además de triunfar en su profesión, dan el salto a las redes sociales. Mucho más complicado es hacerse millonario por convertirse en* **influencer** *de nuevo cuño. Los menores deben ser más realistas. Resulta absurdo pensar que se van a forrar y vivir a cuerpo de rey toda su vida. El dinero no debe ser el objetivo principal que persigan cuando publiquen contenidos en las redes.*

El auge del *influencer marketing*

Las personas que han alcanzado relevancia en las redes sociales están de enhorabuena, porque según muchos expertos en *marketing* y publicidad, ellos serán un eje principal en las estrategias de ventas de las grandes y pequeñas marcas en los próximos años. Hay quien va a ganar mucho dinero —y más fama— porque las marcas alientan las campañas. A los ojos adolescentes quedará más claro que nunca que formarse, estudiar o trabajar duro es de tontos y que su meta es seguir los pasos para después superar a quien está en el vídeo anunciando el refresco.

Michael Stelzner, fundador de la compañía Social Media Examiner, autor de varios libros sobre el tema, asegura que «conforme va resultando más complicado para los que quieren hacer negocios el ganar visibilidad en redes sociales, más necesario se hace el trabajar con *influencers* que cuentan con una "tribu leal" y fiel para alcanzar la audiencia que buscan las marcas. Serán esenciales para el futuro de los negocios».

La razón estriba, según Luis Díaz, director de la agencia H2H, en que «los consumidores han perdido la confianza en los mensajes comerciales y a día de hoy otorgan más confianza a una opinión de otra persona, incluso de alguien desconocido. De ahí el éxito de todas las páginas donde los consumidores dejan sus comentarios y opiniones sobre productos o servicios, por ejemplo, viajes. Leemos comentarios de hoteles y restaurantes antes que leer lo que estos establecimientos dicen de sí mismos. Por otra parte, cada vez existen más dudas de si los impactos de las marcas en medios digitales son a personas o a *bots* (aféresis de robot, en este caso programas informáticos que simularían ser personas que han clicado en el anuncio o han visitado la web del anunciante, lo que adultera las cifras de una campaña publicitaria). En la figura del *influencer* confluyen esas dos circunstancias. Son personas, por tanto, se elimina el problema de la pérdida de confianza, y tienen a su alrededor comunidades limpias y orgánicas, compuestas por otras personas, donde no habría fraude como en la publicidad digital».

La criba

Por otra parte, según Jason Falls, estratega digital de Cornett, agencia de publicidad en Lexington (Kentucky, EE. UU.), «en los próximos diez años se va a ver cómo se separan los *influencers* de verdad de los que dicen ser *influencers* pero no tienen capacidad para motivar a su audiencia para que actúe (en este caso, compre o consuma). Las marcas no continuarán pagando cifras exorbitantes si no se traducen en resultados. Algunos *influencers* perdurarán, sobre todo si demuestran ese impacto y trabajarán mucho con las marcas».

A esto, Luis Díaz añade que «no se trata llegar a muchos, sino de la capacidad de recomendar, de mover a la acción, que los que le siguen le crean y comiencen a utilizar ese producto o servicio del que habla el *influencer*. Cuando se acepte que el término influencia no tiene que ver con el alcance sino con la relevancia veremos una migración y las marcas trabajarán más con perfiles de *microinfluencers*, con entre 10 y 60 mil personas que les siguen. Tenemos en cuenta el poder de prescripción, gente con mayores tasas de *engagement* y capacidad de influenciar en las opiniones de sus seguidores. Esos son los que más van a trabajar. Se va a profesionalizar en cuanto se mejoren las herramientas para medir cuánto retorno en ventas tengo por cada euro invertido en este tipo de publicidad».

A los ojos de las nuevas generaciones estas operaciones comerciales son percibidas de otra forma. «Las opiniones sobre esto difieren según la generación. Puedo ver a un *influencer* sosteniendo un refresco como una reventa, pero para los nativos digitales, esto es una insignia de éxito, de hecho, es algo a lo que aspirar. La nueva generación reconoce que los creadores de contenido deben ser recompensados por su trabajo y esperan que tengan patrocinadores», explica Mark Schaefer, consultor, docente y autor del libro *Known*.

Los anuncios tradicionales en los medios están de capa caída. Tiene mucha más credibilidad una persona haciendo una recomendación en las redes sociales. Pero, además, hablamos de un marketing *teledirigido. Por ejemplo, las personas amantes de las bicicletas y el ciclismo siguen a una serie de expertos —influencers— en las redes que hablan sobre este tema. Las empresas de este sector encuentran en este* influencer *el vehículo perfecto para llegar al público al que le interesan sus productos y no a personas que no han pedaleado en su vida. Al contrario, en una pausa publicitaria de televisión emiten anuncios de coches, comida, maquillaje, juguetes, móviles… algunos de los cuales probablemente puedan captar nuestra atención; otros nos molestarán porque no nos interesan los productos que se publicitan. Es una diferencia sustancial en el enfoque de la publicidad. Las marcas ven ahora su «maná» en las personas con mucho peso en las redes sociales.*

¿Publicidad encubierta para los menores?

Muchos *influencers,* de moda por ejemplo, arrancaron su aventura en redes de una forma espontánea y sin afán comercial, allá por 2008 o 2010. Mostraban sus estilismos, descubrían prendas interesantes en las grandes cadenas, trucos de maquillaje, sacaban a la luz nuevas tendencias, etc. Esos contenidos resultaron de sumo interés para muchas personas y cuando sus autoras y autores empezaron a tener éxito, como se ha comentado, las marcas las vieron como las perfectas embajadoras —son más mujeres que hombres— para dar a conocer sus lanzamientos y lógicamente vender más y mejor sus productos.

Aparte de que se dirijen a una audiencia potencial, el gran valor que las marcas otorgan a los contenidos (fotos, blogs o vídeos) creados por estos *influencers* es que son frescos, espontáneos, de igual a igual... muy lejos del clásico anuncio. Por una cuestión de edad y de la forma de comunicar, los seguidores perciben como una figura muy cercana a ese *instagramer* y, sobre todo, al *youtuber.* Es una especie de amigo o conocido en quien confiar cuando muestra una bufanda azul y dice que será lo más el próximo invierno. Bien, pero ¿qué pasa cuando la marca que comercializa esa bufanda azul ha pagado al *influencer* por hacer eso? Cuando los comentarios sobre las prendas o un teléfono móvil no eran más que una forma interesante de expresar la opinión del autor, podría verse hasta como un servicio hacia el consumidor. Pero si es una campaña pagada, ¿sabe el que está viendo el vídeo que eso no es otra cosa que publicidad?

Algunos *youtubers* aceptan con naturalidad esa relación comercial y defienden que el espectador comprende perfectamente que si se refieren al producto con una expresión del tipo de «mirad lo que nos ha mandado la marca tal» o si expresan un agradecimiento es, o porque han recibido el producto gratis a cambio de hablar de él en su canal o directamente están cobrando por ello. Afirman que el público no es «tonto» y sabe distinguir contenidos patrocinados de los que son independientes. Pero ese argumento se sostiene a duras penas y la realidad es que la ambigüedad se impone. Como bien saben los publicistas, el público no quiere anuncios comerciales, no confía en ellos, pero sí en las recomendaciones de los *influencers*, así que ese contenido patrocinado, que no es sino publicidad, se disfraza de opinión sincera. De hecho, incluso, aunque muchos usuarios muy familiarizados con las redes sociales pudieran detectar que hay una marca que patrocina las palabras del *youtuber* o las fotos del *instagramer*, a otros tantos les «colarían» el gol, y si se trata de niños o preadolescentes menor será su capacidad para poner en duda la limpieza de esa recomendación o *review* del producto.

Ponerlo de forma explícita

En Estados Unidos hace unos años que la Federal Trade Comission, el organismo que regula la publicidad allí, estableció unas normas bajo pena de multa que obligaban a los *influencers* a identificar los contenidos «subvencionados» usando para ello una etiqueta o *hashtag*, es decir una palabra a la que precede este símbolo # y sirve para categorizar un poco el contenido. Había que escribir #ad, #sp o #sponsored en contenidos de pago. Luis Díaz, de la agencia H2H, explica que «al principio no especificó en qué lugar se debía mencionar. Así que los *influencers* ponían diecisiete *hashtags* diferentes y colaban este al final. Luego se dijo que tenía que ser el primero. Pero incluso puede compensar a la marca la multa que le impongan por saltarse esta norma si va a tener un impacto brutal con la publicación de esa foto o ese vídeo».

Díaz asegura que «se trabaja en la regulación, pero el *marketing* siempre va mucho más rápido que las leyes. De todas formas, no veo nada malo en los contenidos patrocinados, el problema es cuando se hace publicidad engañosa y el *influencer* recomienda un producto que no consume o habla de un hotel en el que no ha estado. Yo les digo a las marcas que ese no es el camino».

Por otra parte, que los menores estén expuestos a publicidad encubierta no es un fenómeno desconocido ni nuevo. En series históricas de la televisión española, como la mítica *Médico de familia,* de Emilio Aragón, todos los miembros desayunaban «a la americana» en la estupenda cocina del chalé. Sobre la mesa había zumos, cafés, cacaos, galletas y todo tipo de productos que pagaban por aparecer en la serie en lo que se denomina técnicamente en el lenguaje publicitario como *product placement* (emplazamiento de producto).

La publicidad, las ventas, el negocio… el escaparate ya no lo ponen solo los medios de comunicación tradicionales sino que se vende más —lo que sea— si un **influencer** *lo promociona en las redes. Bajo supuestos consejos o recomendaciones de productos por parte de una persona con muchos seguidores en Instagram o YouTube hay un cheque de varios ceros. Adultos y menores de edad deben intentar distinguir los contenidos pagados, algo nada fácil, y comprender que esa persona no está haciendo otra cosa que un*

«anuncio», aunque en un formato mucho más atractivo y ameno que el típico «Beba Coca-Cola». ¿Sabe usted distinguirlos? ¿Detectan sus hijos mejor que usted esos contenidos pagados o creen ciegamente en la buena intención del influencer al recomendar un producto?

La sinceridad pagada, ¿es sincera?

Como ya se ha expuesto, una de las claves, si no la principal, del éxito del *marketing* con *influencers* es que se parte de una recomendación o comentario «honesto y sincero» sobre un producto. Prueban un maquillaje, visitan un hotel o describen un bolso y, además de que lo hacen con gracia, con un estilo propio y fresco, expresan una opinión teóricamente neutral, subjetiva, pero informada. Así que resulta muy creíble. De esta forma empezaron a trabajar personas que ahora son muy conocidas en su ámbito de influencia. Sin embargo, como se describió anteriormente, las marcas se dieron cuenta de que si uno de esos jóvenes sacaba sus productos en sus vídeos o fotos las ventas se disparaban. De repente, para muchos, del «ocio» se pasó al «negocio».

Si preguntamos a publicistas, agencias, *influencers*, representantes, etc. sobre si sigue siendo sincera y creíble la opinión de un *influencer* a la hora de hablar de un producto cuando le están pagando un dineral por hacerlo todos cierran filas con unos mensajes similares. Argumentan que los *influencers* no se involucran en ninguna campaña ni recomiendan un producto por dinero si no creen en él o se sale de la línea que mantienen en sus *posts* y vídeos. Es decir, que un *youtuber* que habla sobre comida sana no recomendaría jamás productos grasientos, rebosantes de azúcar o poco saludables. Y que cuando la *instagramer* que sea se retrata con una camiseta de la marca que sea es porque le encanta, aunque le estén pagando por hacerlo.

En teoría, rechazarían y rechazan campañas sobre productos que no les «encajen» en su discurso o perfil social. Hasta cierto punto es lógico que eviten anunciar productos que les restarían credibilidad entre sus legiones de *fans* o les harían quedar como unos hipócritas, pero el dinero compra muchas voluntades, quién lo duda. Es un poderoso motivo siempre para cambiar o matizar una opinión.

Habría que ser ingenuo hasta la médula para pensar que la pureza pervive ante un cheque de varios ceros. Es como cuando un futbolista ficha por el equipo de fútbol que sea y dice en la rueda de prensa que siempre soñó con jugar ahí, que es su equipo de toda la vida, etc. Luego al año siguiente le ofrecen más dinero en el rival acérrimo de su equipo actual y muchos —no todos— no dudarían en abandonar el club de sus amores.

Eso no me encaja

La que quizá sea la *influencer* de moda española más exitosa, Aida Domenech, más conocida como Dulceida, dedicó un vídeo a explicar su trabajo a personas que creen que se pega «la vida padre» y se hace rica de paso. Venía a contar que lo que parece una vida idílica lleva muchas horas de trabajo y un estrés desmedido, pero le encanta y tiene la suerte de dedicarse a lo que le gusta. Habla de las campañas que le proponen a diario y cómo solo escoge las que le gustan. De hecho, explica que una conocida marca de horchata le hizo una propuesta, segura de que no la escogería porque el producto no iba muy en su línea habitual. Sin embargo, el diseño de la campaña incluía acciones tan divertidas y dinámicas que acabó haciéndolo y lo pasó muy bien (además de cobrar por ello, claro, que el dinero siempre hace todo más divertido si cabe).

Que los *influencers* comenten abiertamente y con cierta transparencia cómo funciona este negocio resulta digno de elogio. Está en la mano de cada uno creerse o no el discurso de que muchas de estas personas rechazan contratos millonarios y solo recomiendan y muestran prendas y productos que realmente les gustan. ¿Qué pasará si llegan las vacas flacas? Si alguien necesita dinero para mantener su tren de vida o porque quiere comprarse una casa en Ibiza ¿No anunciaría algunas marcas o productos que quizá no le gustan tanto? A lo mejor es que son tan especiales que sus valores están por encima de la naturaleza humana. Porque, que sepamos, muchos actores han interpretado por necesidad papeles que no les gustaban. Y los cantantes acuden a programas de televisión a promocionar su nuevo disco pese a que detesten al presentador o al canal donde se emite.

Quizá algunos *influencers* top puedan ser muy selectivos con sus trabajos, pero hay hordas de personas que quizá no han alcanzado su nivel de éxito y que quizá no sean tan exquisitos a la hora de aceptar campañas de algunas marcas.

Y cuando critican
a una empresa...

Una pregunta que cualquiera podría plantearse es, si bien estos *influencers* pueden cobrar por hablar de una marca, por mostrar la ropa, el *smartphone* o el coche de turno bien en especie o en una cantidad pactada de dinero, ¿podrían cobrar por utilizar su «poder» contra la competencia? Es decir, ¿criticar a una marca o producto a cambio de dinero?

Desde el mundo de la publicidad y el *marketing* es algo que no se concibe. Para Luis Díaz, de la agencia H2H, «tampoco tendría mucho sentido que un *influencer* atacara a la competencia de la marca con la que trabaja ahora, porque ese contrato se acabará algún día y podría trabajar con la competencia; sería cerrarse muchas puertas. Las marcas tampoco confiarían en alguien que habla mal de una firma porque también les podría atacar a ellos en el futuro».

Otro tema es que las personas con muchos miles de seguidores puedan mostrar públicamente su insatisfacción a nivel personal con un producto o servicio y que eso tenga una gran repercusión negativa en la imagen de la marca. Imaginemos a un *influencer* que viaja hacia cualquier destino y la compañía aérea extravía sus maletas. Este, enfadado, hace un vídeo diciendo que son un desastre y una vergüenza. Miles y miles de personas recibirán una opinión muy negativa de la aerolínea por un caso aislado y particular —quizá excepcional—, pero que para su desgracia le ha ocurrido a una persona con gran impacto mediático. Para el *influencer* el contratiempo de la pérdida de las maletas se puede tornar en beneficio, porque es posible que la compañía le compense mucho más allá de lo que haría con un ciudadano anónimo. O si compra un reloj que se rompe con poco uso, o una televisión que salió defectuosa, o había un pelo en la sopa en tal o cual restaurante... Su crítica puede ser también una oportunidad de negocio para que su percepción de la empresa cambie un poco.

Pero incluso si solo muestra su enfado porque de verdad le ha irritado la incompetencia del personal, los errores o defectos del producto, el sabor o lo que sea, el *influencer* debe ser consciente de su responsabilidad. Es posible que al empleado que equivocó la comanda le genere un problema por un simple error humano. O que departamentos enteros o personas concretas de una compañía —seres humanos que tienen una familia y que se ganan la vida honradamente con su trabajo— paguen caro lo que a lo mejor no ha sido sino un fallo puntual, pero que ha sufrido una persona con un altavoz increíble en sus manos. Una cosa es la denuncia y erigirse en voz y defensor de los consumidores y otra que por una chorrada se ponga a parir a una empresa, porque la compañía no es un ente abstracto y robótico, sino que está formada por personas de toda condición que no deben padecer las consecuencias de la ira de un niñato.

De hecho, ante una crisis de reputación derivada de las críticas, justificadas o no, de un *influencer,* uno de los profesionales que más estrés pueden experimentar son los periodistas del departamento de comunicación. Muchos han tenido que reciclarse en su labor profesional y aprender a tratar con personas que no son periodistas, pero dicen «informar» o al menos generan información para una audiencia más o menos amplia. La gente del *marketing* siempre ha sabido relacionarse con influenciadores, incluso cuando no había redes sociales. En el ecosistema de los medios de comunicación, la relación de agencia o gabinete de comunicación con los periodistas que cubrían la información de su área estaba más o menos clara: se decidía lo que se quería comunicar a los medios para que, si lo estimaban interesante, publicasen la información, y todo eso se presentaba en rueda de prensa o evento, o se enviaba una nota de prensa, se dejaba probar el producto o se exhibía previamente la película, o se enviaba el libro a la redacción, se ponía a portavoces a disposición de los periodistas para responder a preguntas… Vamos, un procedimiento habitual y dirigido a unas decenas de periodistas de distintos medios que trabajan en un área determinada (deportes, cultura, cine, tecnología…). Todo era hasta hace poco muy sencillo, los procedimientos y las reglas estaban claras. Pero si ahora hay que enviar un *smartphone* para una *review*, ¿se envía a una veintena de periodistas o a miles de personas que hablan de tecnología en sus blogs?

Muchas personas siguen atribuyendo más credibilidad a la crítica de un periodista —o un crítico profesional— que a la de un *youtuber* o *instagramer*. Es lógico y hay una razón poderosa para ello. El profesional de la información recibe un salario del medio para el que trabaja por trasladar esa información al público y hacerlo con calidad y rigor. No cobra de las marcas ni aspira a hacerlo; ni el enfoque ni la opinión cuando se trata de informar de un producto están condicionados.

Así debe ser, pero eso no quiere decir que no haya intereses cruzados, malas prácticas y malos profesionales en el periodismo, un oficio que no es la quintaesencia de la dignidad y la objetividad. Algunos medios y algunos profesionales siguen peleando porque así sea. Hay periodistas, no muchos, que se dejan corromper por las marcas; hay otros que al recibir el producto son incapaces de expresar una opinión negativa y disfrazan los defectos o puntos débiles del mismo con todo tipo de eufemismos; y también hay medios que no van a arriesgar la publicidad de la que viven enfadando a un gran anunciante. Con todo, la deontología, la experiencia y los conocimientos acreditados, el amor a la profesión y la independencia que ofrece recibir un salario de un medio de comunicación serio, establece unas diferencias entre un periodista y un *blogger*, aunque cada vez resulte más complicado explicar esto a los jóvenes.

Su vida público-privada

Como se ha comentado, una de las claves del éxito de los *youtubers* de éxito es su cercanía a sus seguidores. Son una especie de amigo virtual que nos cuenta cosas. Si metemos en una coctelera esa real —o impostada— sinceridad del personaje y el gusto del gran público por la telerrealidad y el famoso, lo que sale del recipiente es una fórmula de éxito, pero que puede generar cierto riesgo para el *influencer*.

Cuando el *influencer* del tema que sea se limita, con cierta profesionalidad, a comunicar en su canal asuntos de interés o recomendaciones del tema donde se supone que es un experto, tenemos ante nosotros a la esencia de este nuevo trabajo digital que será rentable para algunos y una pérdida de tiempo para otros. Sin embargo, conforme el *influencer* alcanza un número de seguidores relevante —y más si se dedica a estilo de vida o *lifestyle*— suele ir abriendo su intimidad poco a poco. Acude a una fiesta o un evento con sus amigos o parejas, los saca en los vídeos y los sitúa en la escena pública de alguna manera; también da detalles de su vida cotidiana o su forma de pensar y ver el mundo y se desvía de la moda, la salud, el *fitness*, la decoración o cualquiera que fuera la temática de su canal. Lo que ocurre después es que el público se fascina con su vida privada y los vídeos más personales empiezan a tener más éxito que los de contenido profesional.

Los seguidores conocen entonces al perro Fuffy, sale el novio/novia haciéndose un huevo frito para cenar, retransmiten su boda, cuentan su embarazo, sus enfermedades y se ve hasta su cama deshecha. Todos esos contenidos funcionan mucho mejor que los consejos de maquillaje, los vestidos o las reflexiones sesudas. Los aficionados a cotillear la vida privada de los demás tienen vía libre para acceder a las casas, los armarios y las cocinas de personas a las que admiran de una forma muy natural, sin los posados estudiados de la revista *Hola*.

Parte del éxito se debe a que enseñan lo que antes quedaba tras las bambalinas. Amel Fernández, experto en redes sociales, asegura que «las redes sociales nos permiten ver una parcela de su intimidad que antes estaba vetada. El *fan* de escenario se ha convertido en *fan* de camerino o de *backstage*. Muchos de los *influencers* que están triunfando en redes sociales, jóvenes y no tanto, es porque han dejado abierta esa ventana a su vida diaria, a sus costumbres, a su modo de hacer las cosas. Y eso es lo que engancha. Es lo que se está denominando "efecto Kardashian". Cuanto más cercanas, reales y cotidianas sean las publicaciones, mayor capacidad de atracción o captación podrá tener ese artista en medios sociales».

Una vez convertidos en personajes públicos, muchos *influencers* no dudan en obtener más seguidores, más fama y, por extensión, más dinero aireando su vida personal. Hay ejemplos para todos los gustos, expongamos algunas situaciones tipo:

1. Muestro mi casa: A veces están pidiendo a gritos que les entren a robar, pues muestran la vivienda y su entorno; unos ojos de delincuente experimentado verán qué merece la pena sustraer de la misma y los sistemas de seguridad de los que está provisto el piso o chalé. Si a eso le añadimos que cuando el morador se va de viaje una semana lo va a contar a los cuatro vientos, la insensatez está completa.

2. Expongo a mi pareja: Incorporar un segundo personaje en los vídeos da mucho juego. Algunas videoblogueras han hecho viral incluso su boda, con todo tipo de detalles de las marcas que colaboran en el evento. Al contrario, otras personas han compartido con sus seguidores trances menos agradables en el terreno del amor como puede ser un divorcio. Sin embargo, esta realidad se puede ir de las manos. Fue célebre el caso de una popular *youtuber* —tampoco de las Top, pero sí de las que se sacan un sueldo digno con sus vídeos— que hizo también protagonista a su novio de sus consejos sobre decoración y vida en pareja. Sucedió que con el tiempo ella descubrió la reiterada infidelidad de él. En realidad, no lo descubrió, sino que la amante, al ver los vídeos con miles de visualizaciones de la «feliz» pareja —y creyéndose hasta ese momento la novia «oficial»— contactó con la *youtuber* para confesarle que el chico llevaba una vida paralela con ella. La videobloguera, presa de la ira, compartió la traición con sus miles de seguidores para desfogarse ante el engaño del que había sido su novio durante algunos años. Lo siguiente que ocurrió fue que el novio infiel fue blanco de los ataques de las personas que se solidarizaban con la situación desdichada de la víctima de los cuernos. Amenazas e insultos por doquier recibió el hombre doblemente emparejado. Cuando uno expone su vida privada ante desconocidos acólitos los acontecimientos, felices o desdichados, son comentados por personas y entre las más fanáticas no se puede tolerar que alguien haga daño al ser humano que idolatran.

3. Enfermedades y otros percances de salud: Cuando un *influencer* cesa la publicación de vídeos o fotos, o espacia su periodicidad, se suelen disparar los rumores entre sus seguidores. En algunas ocasiones, la causa para no poder continuar con el trabajo es una enfermedad o problema físico que al final el *youtuber* o *instagramer* no puede ocultar. Lo que se ha observado en estos casos, por ejemplo, cuando se trata de un cáncer, es que se desata una ola de solidaridad sin precedentes que, bien canalizada, puede servir para ofrecer información fidedigna sobre un grupo de patologías que muchos se resisten ni siquiera a nombrar o fomentar las donaciones de médula cuando se trata de una leucemia, por ejemplo.

Luego hay otros casos menos sensibles, desde luego. Una de las *influencers* más populares de España en el mundo de la moda se hallaba encaramada a una barandilla de una casa de playa, nada menos que en las Bahamas. Su novio manejaba un dron que le iba a grabar unas espectaculares tomas aéreas acercándose desde el mar hacia la chica que estaba en enigmática postura. Ya de por sí, haberse caído de la terraza donde hacía equilibrios hubiera dado mucho juego, pero lo que ocurrió es que el aparato no tripulado fue a impactar con ella debido a un golpe de viento. La chica, muy conocida por su naturalidad y desparpajo, sufrió varios cortes en la pierna y el glúteo y tuvo que ser atendida en el hospital de la isla. Ella confiesa que fue un mal trago y es verdad que el aparato causó algunos cortes y pudo ser mucho peor si las aspas impactan en otra zona de su escultural cuerpo. Sin embargo, sobreponiéndose al dolor y la tensión extrema … ella y su novio grabaron con detalle todo lo ocurrido y al regresar a España lo editaron y lo emitieron por su canal. El vídeo se hizo viral, ella más famosa y encima, ¡no le quedaron marcas en la piel! Una desgracia convertida con un móvil en un vídeo rentable.

4. La familia en tiempo real: Mientras que muchos de los *influencers* que cuentan intimidades o muestran las obras de su casa o se graban haciendo la comida presentan vídeos mucho más editados, pensados y elaborados de lo que aparentan, otra corriente de éxito en YouTube son las personas o familias —porque uno solo no alimenta tantas horas de telerrealidad— que retransmiten por YouTube momentos de su vida cotidiana, desde los baños, las comidas, los viajes familiares, las trastadas de los pequeños, los cumpleaños, etc. Estos *bloggers* familiares, algunos con una tropa de vástagos, tienen mucho éxito. Abren de par en par las ventanas de su intimidad, con una sobreexposición de los menores (hay otro capítulo sobre el tema) que genera controversia. Pueden ser útiles y divertidos para padres agobiados, pero retransmitir hasta los partos es algo que la mayor parte de las parejas no estaría dispuesta a hacer. Obviamente, con los beneficios económicos y regalos de las marcas siempre es más llevadero criar a los hijos, pero a la larga veremos si muchos se arrepienten de haber convertido su vida en un *show* como el de Truman en la película.

Originales, frikis y artistas

La frontera entre la extravagancia y el arte siempre ha estado más bien difusa. Al contar con nuevas formas de expresión gratuitas, cualquiera tiene la oportunidad de mostrar al mundo su talento o desahogarse de alguna forma. Desde la llegada de internet, publicar cualquier tipo de ensayo, opinión, relato, reportaje, información o lo que sea es algo que está en la mano de un ciudadano corriente sin tener que pedir trabajo en una revista, editorial o medio de comunicación. Los artistas gráficos de toda índole pueden exhibir sus obras a la espera de una oportunidad o para deleite del público que les admira. Tenemos cierta tendencia a criticar a todos los jóvenes por el uso tan banal y egocéntrico que hacen de las redes sociales, pero la realidad es que la Humanidad vive un torrente de libertad creativa sin precedentes. En sus propios canales cada uno enfoca los contenidos como quiere. Puede que no todos lleguen a conectar con las masas, pero eso le ha ocurrido desde siempre a artistas de todas disciplinas y no por ello su trabajo no se ha valorado, aunque sea muchos años después de la vida del autor.

A diario surgen en las redes sociales perfiles que generan desde admiración, a sorpresa, repugnancia o estupefacción. Estos *influencers*, a su manera, también impactan en la vida de quienes les observan al otro lado de la cámara. Tampoco debemos preocuparnos en exceso si nuestros hijos enfocan sus contenidos en redes sociales a un área tan concreta como extraña, o a un estilo que a fin de cuentas les diferencia de la actitud de la mayoría. ¿Acaso artistas conceptuales de talla mundial no tuvieron que soportar la incomprensión? Sin entrar en nombres concretos, pondremos varios ejemplos y perfiles de *influencers* originales e incalificables por momentos.

Por un lado, hay cuentas que son puro arte tanto si se trata de animaciones, fotografías o efectos visuales de todo tipo. Entre ellas se cuelan algunas muy exitosas con imágenes aterradoras e inquietantes, pero con una estética tan cuidada que resulta digna de admiración. Hay un hombre que se maquilla y viste con *looks* propios de película de terror, no en el sentido de sangre y vísceras, sino que emplea animales disecados y máscaras extrañas que fusionan fauna, muñecos y caracteres de payaso para conseguir congelar el corazón de sus seguidores. Es un artista conocido como Mothmeister. La versión casera y cutre de este último es un individuo que se pone una sábana con dos agujeros para parecer un fantasma y se pasea por ahí haciéndose fotos en todo tipo de situaciones.

Sin dejar el tema de la taxidermia, el otro extremo de estos cuidados trabajos lo representa un taxidermista chapuzas que exhibe en Instagram sus fallidos trabajos. Los pobres animales fallecidos presentan muecas imposibles y caras o posturas antinaturales. Sin salir de las cosas que dan un poco de mal rollo encontramos también al decapitador de muñecas Barbie, que sitúa las rubias cabezas en planos muy artísticos.

Si los animales del taxidermista están obviamente muertos, los que están muy vivos son los gatos nadando en billetes, una categoría especial dentro de la abundancia de felinos en las redes sociales.

No son muy agradables, pero sí sorprendentemente exitosas las cuentas con vídeos explotando espinillas y granos en la piel. En la misma línea, qué decir tiene de personas que han hecho de su habilidad para expulsar ventosidades todo un arte. Siempre hay un aspecto de la vida en el que uno destaca, si no es en las matemáticas o en la capacidad oradora, quizá puedas ser, como en este caso, el rey de los pedos.

Hay cuentas que reflejan algún aspecto curioso de la vida cotidiana. Por ejemplo, un hombre se dedica a publicar fotos de otros varones de todo el mundo aburridos hasta caer dormidos, mientras acompañan a sus parejas a comprarse ropa en las tiendas. Están sentados en cualquier sitio, sosteniendo bolsas y con rostro de tedio o directamente en brazos de Morfeo.

Encontramos también a personas que decidieron grabar o retratar una acción corriente y rutinaria y han logrado un éxito inusitado. Hay quien bebe un vaso de agua tras otro. El que lee las palabras de un diccionario o nombra ciudades de Estados Unidos y el Estado que las alberga, el que cuenta números u otro al que le da por inflar globos.

La abundancia del género masculino en este capítulo, sobre todo en los apartados más absurdos, quizá refleja la estupidez del hombre a la hora de dedicar su tiempo a actividades sin ningún sentido práctico.

Resulta fácil encontrar también al tipo obsesionado con la conocida actriz Meryl Streep, que realiza curiosos montajes fotográficos con la intérprete ganadora de tres Oscar de Hollywood mezclada con platos de comida acorde con su vestimenta. Cuanto menos curioso.

Las personas que dominan el arte del Photoshop tienen mucho ganado en este mundo digital. Hay varios personajes que se ubican digitalmente en lugares que nunca han estado o acompañando a personas superfamosas como si fueran sus amigos. Algunos lo hacen muy bien y el resultado es bastante gracioso.

Existen muchos artistas anónimos que logran grandes experiencias sensoriales y estéticas en sus espectadores. Manipulan texturas y objetos para producir cierto placer y relajación en los demás. Existen muchos ejemplos que se engloban bajo el concepto ASMR (*Autonomous Sensory Meridian Response*, en inglés Respuesta Sensorial Meridiana

Autónoma), que hace referencia a un fenómeno biológico caracterizado por una placentera sensación que provoca calidez y relajación. Un ejemplo sería el de unas chicas rusas que cortan jabón con un cuchillo como lascas, en virutas o en cubitos y tiene un atractivo visual además de un componente desestresante para muchos seguidores.

Una visión un poco aberrante de esto último son las personas que amasan pan. Hasta ahí, todo parece normal, pero luego restriegan su cara por la masa experimentando un curioso placer.

Por último, tan original como imbécil es alguien que se dedica a tirar objetos cotidianos por el *wáter,* quepan o no quepan en el inodoro. Hay gente para todo en este mundo.

Fenómeno fan

El fenómeno *fan* sigue vivo más allá de las estrellas de la música. *Groupies* colándose en los hoteles, colas kilométricas para conseguir un autógrafo o una entrada para un espectáculo, esos gritos que rallaban la histeria, llantos incontrolables, pancartas prometiendo amor eterno, un peluche... Antes forraban las carpetas escolares y las paredes de los dormitorios quedaban como un queso gruyer de los pósteres que regalaban las revistas. Los grupos de chicos guaperas (Take That, One Direction o los Backstreet Boys, por ejemplo), o algunos solistas, nublaban la razón a chicas y chicos corrientes. Estos jóvenes fans llegaban a hacer los mayores sacrificios y tonterías para acceder al grupo (días de colas en la calle, colarse en los hoteles...). Las adolescentes soñaban con conquistar el corazón del famoso en cuanto conectasen las miradas desde el escenario hacia la primera fila del público. Quien más quien menos ha experimentado esa absurda idolatría a la estrella del momento en alguna fase de su juventud.

Y ese fenómeno, aunque ya no hay revistas con desplegables, se ha trasladado a algunos *influencers*. Obviamente, ese fanatismo y apoyo incondicional se ve en los comentarios de las redes sociales, pero lo que llama la atención es cuando se plasma en acciones de la vida *offline*. Aunque Cervantes se revuelva en su tumba, estos chavalines y chavalinas publican «sus» (de aquella manera) propios libros que se convierten en algunos casos en auténticos bombazos editoriales. En la Feria del Libro de algunas ciudades, las colas para conseguir la firma del ejemplar de algunos *influencers* supera ampliamente a la de autores consolidados y con mayor calidad literaria.

Los adolescentes que pueden conocer de cerca a sus ídolos expresan en las redes sociales —con retransmisiones en directo, por ejemplo— la emoción indescriptible, en un lenguaje coherente y sin latiguillos, que les genera el encuentro con el *youtuber*. Les entregan regalos muy personales, con dedicatorias de corazón o murales y otros tipos de manualidades que llevan su tiempo elaborar. En ocasiones el destinatario dedica algún vídeo o post a mostrar esos presentes y en general intentan ser agradecidos con esos jóvenes que les han encumbrado y sueñan con ser como ellos. Desde luego, en el porcentaje de seguidores más acérrimos, el *influencer* deja una huella importante y les acaba transmitiendo opiniones y valores propios.

¿Cree que sus hijos han llegado al extremo de convertirse en seguidores acérrimos de algún influencer*? ¿Habla demasiado de las virtudes y le fascinan en exceso los contenidos de alguien en concreto? Veamos de quién se trata y de si su influencia sobre el chico o la chica nos parece positiva o negativa.*

Salseo

El término salsear podría hacer referencia a echar una salsa sobre la comida, pero la Real Academia Española (RAE) lo define como —en el ámbito coloquial y propio de zonas como la Región de Murcia— «entretenerse, meterse en todo». Así que cuando escuchamos esa palabra entre los *millenials*, en Twitter o en YouTube se refieren a que se habla sobre cotilleos, rumores y chismes vinculados a los *influencers*, a su vida personal y, sobre todo, a los conflictos que se generan entre ellos.

Los *influencers* más veteranos y consolidados desprecian el salseo, pues la realidad es que se corre el riesgo de desvelar las relaciones no siempre amistosas que hay entre ellos y, por otra parte, al final, los vídeos de polémicas, malentendidos y ataques mutuos o por parte de sus seguidores, pueden tener más gracia y ser más vistos que los vídeos sobre contenidos preparados y trabajados, y más si encima están patrocinados. Al gran público siempre le ha gustado la carne fresca y la sangre. El morbo, el cotilleo y las intimidades ajenas han sido el sustento de revistas, programas de televisión e incluso cadenas de televisión enteras.

Por una parte, triunfan los vídeos sobre la vida privada de las estrellas de las redes, lo cual es hasta cierto punto lógico. Si alguien idolatra a un *influencer* y dedica

—o desperdicia— muchas horas de su vida a verle delante de una cámara o en sus fiestas y eventos, al final quiere saber con quién vive, qué le gusta hacer cuando no tiene el traje de *youtuber*, si tiene perro o le gusta la cebolla en la tortilla de patata. Conviene no olvidar que son muy jóvenes y que es posible que haya nuevas parejas, cuernos y mierda esparcida con un ventilador. Así que el culebrón está servido.

Por otra parte, surgen constantes polémicas relacionadas con acusaciones de plagio de contenidos o estilismos y la disputa suele contagiar a los seguidores del *influencer* que se enzarzan en discusiones con fanatizadas defensas de la postura de su bando. A veces tiene razón el *youtuber* o *instagramer* con menos seguidores y puede ocurrir que la superestrella se haya inspirado —o más que eso— en alguna publicación suya. Pero en ocasiones lo que sucede es que resulta una estrategia rentable para ganar seguidores, provocar o llamar la atención de un *influencer* mucho más potente para poder asomar la cabeza en este complicado mundillo. Si ya muchos contenidos originales que vemos en las redes sociales aportan poco o nada a los menores que los consumen, e incluso narcotizan su capacidad intelectual, los vídeos de acusaciones, polémicas y traiciones son simplemente incalificables, un ruido y una marea de intereses en torno a las redes sociales, pero que despiertan morbo y curiosidad.

Podría pensarse en que las descalificaciones y acusaciones se quedan en un plano cuasi adolescente de «has dicho», «tú eres tal», etc. Pero por desgracia, las difamaciones llegan al nivel delictivo con polémicas sobre supuestos casos de abuso sexual a las seguidoras, intentos de asesinato o violencia de género. Incluso se ha llegado a producir algún ataque físico por parte de personas que se sentían insultadas o afectadas por las opiniones del personaje.

El salseo como fenómeno paralelo al éxito en las redes sociales tiene éxito, pero es difícil pronosticar cuál va a ser la evolución, aunque si los programas del corazón en televisión siguen manteniendo sus elevadas cuotas de pantalla cabe pensar que su versión en internet con los *influencers* como protagonistas puede seguir el mismo camino.

 *Atención, lejos de la superficialidad y el espectáculo, los cotilleos, ataques y rencillas personales entre los* **influencers** *han llegado a traducirse en denuncias o acusaciones, incluso de violencia de género. Es un aspecto del fenómeno social mucho más serio de lo que parece.*

La otra cara del *glamour*

Cuando constatan la infelicidad que rodea a otros que aparentemente tienen cualidades o circunstancias vitales envidiables, como belleza, dinero, fama y éxito, muchas personas corrientes se preguntan: «¿Cómo es posible que se queje o que esté amargado con la vida que lleva?».

Y es que cuando ya no hay *flashes* ni cámaras, en su intimidad, muchas celebridades arrastran una serie de problemas, frustraciones y situaciones incómodas derivadas de su exposición pública. Algo que, por fortuna, la gran masa de ciudadanos de a pie nunca ha experimentado.

Cuando a nuestros hijos y a nosotros mismos nos deslumbra y fascina la vida que llevan los famosos, en este caso los *influencers* más populares, conviene pensar que no todo puede ser perfecto. La fama y el dinero a lo mejor implican pagar un alto precio: la dolorosa crueldad del escrutinio público o que otros se acerquen a ti con intereses espurios.

Psicólogos y pedagogos recomiendan que cuando los menores están cegados por la luz que desprende la vida glamurosa del *influencer* les hagamos ver los aspectos más duros y menos gratificantes de este mundillo. La buena noticia es que no hará falta argumentar nada, sino que la mejor manera de que vean la otra cara del éxito es a través de los testimonios de los propios *instagramers* y *youtubers*.

Mantenerse en la cresta de la ola no es fácil, compartir vídeos semanalmente y fotos a diario y que tengan nivel, que no sean repetitivas, que conecten con los *fans*... no es una tarea sencilla y exige cierta fortaleza mental que puede llegar a quebrarse. «El lado positivo es la notoriedad y la amplificación en la exposición de la marca personal, el negativo que muchos pueden acabar siendo esclavos de esa misma imagen personal y de las propias redes. También se están produciendo efectos psicológicos negativos en la autoestima de ciertos de ellos, como hemos visto en el caso de algunos suicidios, que otorgan a sus redes sociales más protagonismo que al resto de facetas de su vida y que, en el momento que sus expectativas de nuevos seguidores o *likes* obtenidos merman, o sus comentarios negativos o críticas se convierten en ingobernables, tienen la sensación de no aceptación por parte del resto de las personas. Por otro lado, no podemos olvidar que la construcción de un *influencer* supone la construcción de un alter ego digital que, en ocasiones, no coincide con la realidad de estas personas. Esa disparidad entre lo aparente y lo real está llevando a muchos *influencers* a padecer emociones de decepción, desolación y a sufrir episodios de depresión», comenta Amel Fernández, experto en redes sociales.

Podemos encontrar muchas noticias asociadas al acoso que han padecido algunos; noticias de cómo la ansiedad y el estrés que sufrían les obligaron a cerrar sus redes sociales; o cómo hay quien incluso se quitó la vida. No obstante, en estos casos, el testimonio directo por parte de sus ídolos es el mejor baño de realidad para los jóvenes instalados en la ingenuidad de que fama y felicidad conforman un sólido matrimonio.

He aquí algunos de los problemas asociados a las redes sociales que confiesan con pesar los propios afectados:

Ansiedad y estrés. Algo en lo que no suelen caer los *fans* es que los llamados creadores de contenidos tienen una presión intrínseca a su posición, que es la de superarse y mantener el listón alto para no decepcionar a la audiencia. Cuando las ideas no fluyen o uno no está muy inspirado, pero debe cumplir con su agenda de vídeos o post en su blog, se pueden producir cuadros de ansiedad que ponen a prueba la resistencia mental de cualquiera. Eso les ocurre a los escritores o a los dibujantes de cómics cuando tienen una colaboración fija con una periodicidad marcada. También al periodista cuando persigue una noticia exclusiva que no acaba de confirmar. El simple ritmo de trabajo, la acumulación de compromisos sociales o publicitarios, o cuando se suceden los viajes transoceánicos, han llevado a muchos *influencers* de éxito a tener que tomarse un respiro por prescripción facultativa. Ha habido casos de *influencers* a los que muchos años instalados en un bucle de continuo trabajo les ha pasado factura. El público es exigente y cuando se espacian las publicaciones se desatan rumores sobre si la estrella ha caído enferma o se especula sin límites sobre problemas que pueda sufrir.

Un trabajo duro. Ante las acusaciones de que se pegan una vida de lujo haciendo el tonto delante de una cámara y les llueven regalos y viajes por su cara bonita, algunos *influencers* se han esmerado en explicar el esfuerzo que hay detrás de una simple foto o un vídeo. Es verdad que incluso mostrando el trabajo que no se ve y lo que pueden destrozar los continuos viajes, la conclusión general es que sigue mereciendo la pena dedicarse a esto. Con todo, al menos los jóvenes *fans* aspirantes a *influencer* deben ser conscientes de que el éxito siempre lleva aparejado un trabajo duro y un esfuerzo. Incluso aunque fuéramos unos genios creativos y sorteáramos el problema anterior vinculado al estrés, porque de nuestro cerebro brotan los contenidos como las flores en el campo, no hay que menospreciar el trabajo que hay detrás de una simple foto. Si nuestra hija o nuestro hijo baraja emular a las estrellas de las redes debe ser consciente de que las fotos que tanto le gustan no son en absoluto lo espontáneas y naturales que pretenden. Buscar las condiciones de luz perfectas, la postura ideal, miles de fotos descartadas, todos los detalles… Horas de trabajo para una imagen con millones de «me gusta». Eso puede ser realmente agotador y extenuante. Hacerse las fotos en la calle con una mirada al infinito retratados por una amiga o amigo como hacen a diario millones de usuarios corrientes es una especie de juego ególatra que no tiene que ver con tomar una imagen de *influencer* profesional. Chicos y chicas se plantearían que no es tan divertido, sino en ocasiones tedioso y repetitivo, si ven un día cuál fue el proceso para tomar esa foto que les fascinó en su momento.

Ataques y sobreexposición. Es un punto importante a sopesar por parte del que envidia la vida que llevan algunas figuras. Afortunadamente, resulta sencillo trasladar a los menores lo que implica que millones de personas vean tus fotos o tus vídeos porque son los afectados los que suelen denunciarlo. Entonces uno se da cuenta de que a lo mejor se vive mejor si no hay tantas personas opinando sobre tu físico o tus estilismos, y te puedes tomar una caña en una terraza sin que nadie moleste. Muchos famosos de los de toda la vida comparten el hecho de que, si van a lugares públicos, como restaurantes o al cine, hay personas que los observan y dicen al de al lado: «mira, es fulanito», que eso es lo menos malo, y otros que querrán hablar o tomarse una foto. Pero todo ello será un problema menor si lo comparamos con el auténtico escarnio hacia muchos *influencers*. Puede que a Cristiano Ronaldo le molesten los insultos que le profieren los hinchas del equipo rival desde la grada de un campo de fútbol. Sin embargo, cuando alguien comparte un contenido en una red social cualquiera puede trasladar su opinión con un comentario al pie del vídeo o la imagen. Muchos son positivos, obviamente, pero el nivel de crueldad y el afán de ofensa que se observa en muchas personas hacia el *influencer* —o hacia el que sube la publicación, aunque sea un chavalín anónimo— no tiene parangón. Aunque con el tiempo la piel se endurece, muchos comentarios y campañas de acoso e insulto han hecho mucho daño a *influencers* top como se lo harán a nuestros hijos si exponen su imagen pública. Es un peaje a pagar y hay que estar dispuesto a hacerlo porque es un camino de no retorno.

Entre las situaciones más denunciadas se encuentran por supuesto los comentarios sexuales y de muy mal gusto que profieren, sobre todo los chicos, hacia las *influencers*. Pero estas mismas confiesan que el mayor daño emocional procede de otras mujeres, que critican su físico con comentarios de lo más hiriente. A veces ni siquiera las opiniones se reflejan en la cuenta oficial del protagonista de la foto o el vídeo, sino que el aluvión de críticas y opiniones negativas tiene como escenario foros externos. En resumen, cualquiera que desee que sus imágenes y sus vídeos los vean millones de personas que asuma que este éxito implica que esos millones de desconocidos opinen sin filtro e insulten sin motivo. Hay que estar preparados para ello; es algo que deja huella y que además repercute en la familia, pues para un padre, hermano, pareja o amigo íntimo duele ver cómo se ceban con un ser querido.

El paso del tiempo

Para nadie resulta fácil asumir el paso del tiempo, pero sobre los personajes públicos de las redes sociales este incide cuanto menos en dos sentidos. Por una parte, los que se dedican a hacer contenidos que buscan la risa fácil entre un público muy joven —con videojuegos o no de por medio— se enfrentan al hecho de que van cumpliendo años y es posible que los que se incorporan a la red ahora les empiecen a considerar demasiado mayores como para tenerles por un igual. Pero a la vez, los seguidores actuales del *youtuber*, que son coetáneos a él o ella, también van incorporándose al mercado de trabajo, teniendo obligaciones familiares o dedicando tiempo a otras actividades de ocio por lo que en general, tienen menos tiempo que dedicar a ver vídeos de sus idolatrados creadores.

Así que muchos se quedarán por el camino porque esto no es como la música, que uno cumple años y sigue escuchando a los grupos que le gustaban cuando era más joven. Bandas de sexagenarios continúan llenando conciertos con el mismo público que les ha seguido durante toda su carrera, pero resulta imposible establecer ningún paralelismo con los *youtubers* más exitosos porque los vídeos son contenidos efímeros, no creaciones que pasarán a la historia. A muchos *influencers* les va a costar reinventarse para mantenerse en lo más alto.

La acuciante falta de tiempo que sufrirán los actuales seguidores cuando tengan hijos —y ponerse a ver vídeos y fotos en el móvil sea una auténtica utopía— es algo que también repercutirá en los *influencers*. Por otra parte, todos los días surgen nuevos aspirantes a relevarles de su trono y los más jóvenes conectarán mejor con personas de su edad que con los que hayan pasado la treintena —viejos, a sus ojos, qué pena—.

Algo que abunda entre las personas que alcanzan un éxito profesional súbito y espectacular es que tienden a creerse que así será toda su vida y que el dinero fluirá al mismo ritmo. Cuando viene una mala racha muchos carecen de un colchón para afrontar una etapa menos boyante.

Las chicas que ahora están en la cúspide de Instagram deben asumir, y solo las más inteligentes y sensatas lo harán, no solo que en unos años el público las considerará mayores, sino que esa sobreexposición les pasará factura en forma de hastío de muchos de los que hoy las adoran y, sobre todo, que el tiempo hará mella en sus cuerpos 10 y sus caras bonitas. Es algo que le pasó a muchas modelos de fama mundial; es lógico que la historia se repita en *instagramers* que actúan como si fueran maniquíes profesionales en las redes.

Reinventarse cada cierto tiempo

Los que aspiren a vivir de las redes sociales deben tener claro que deben reinventarse cada cierto tiempo y si su evolución no gusta pues se acabó el juego y sus beneficios colaterales. Algunas celebridades de las redes sociales tienen claro, y así lo han expresado, que entonces pasan a una etapa de madre *influencer*, sobre todo si tienen hijos. Entonces se centran en ofrecer contenidos para ese público de padres jóvenes en el que también hay un nicho de mercado. Ya no hay tanta fiesta ni tantos viajes, pero hay otros contenidos más hogareños. El tema de la incorporación de personajes secundarios como los hijos lo abordaremos en otro capítulo.

Entre los actores, presentadores, músicos o polemistas televisivos encontramos numerosos ejemplos de profesionales que tuvieron una etapa de popularidad galopante que les convirtió en efímeras estrellas. Luego, por la razón que sea, dejaron de llamarles, las series o discos que hicieron no calaron entre el gran público y, al final, a los ciudadanos solo les suena su cara ligeramente. En la vida hay que estar preparados para saber que el camino no es llano, en ningún terreno profesional. Solo los necios creen el mítico cuento de la lechera y piensan «como ahora gano X euros al mes, me puedo meter en este pisazo porque lo puedo costear». Ese tipo de decisiones suicidas está a pie de calle.

No obstante, existe una importante diferencia entre las estrellas caídas del 2010 hacia atrás y las generaciones actuales. Cuando a una presentadora de éxito en los noventa dejaron de llamarla para nuevos programas, seguía buscando y moviéndose por ahí a ver si salía otra cosa. En la actualidad, dado que uno es dueño de sus redes sociales y su canal de televisión propio, puede autopromocionarse, intentar llamar la atención y, en resumen, poner el foco sobre él, ella o su obra para seguir en contacto con el público y no caer en el olvido. Puede arrimarse a otros famosos, acudir a eventos, generar polémica y seguir creando contenidos que, si tiene suerte y lo hace bien, le reporten beneficios.

En ese sentido, la tecnología permite que la puerta siempre esté abierta y dada la gratuidad de las herramientas de trabajo no hay excusa para tumbarse en un sofá cuando uno está en el paro. El escenario virtual siempre está disponible para actuaciones.

Pero podría plantearse también un panorama distinto al rumbo que parecen tener las redes sociales y que la burbuja que vivimos se pinche y explote. El uso actual de esta parcela de internet podría modificarse —por qué no— y que el grado de exhibicionismo se modere; que la multiplicidad de actores y canales y la posibilidad de comentar todo cada minuto o de reaccionar ante los contenidos deje de ser algo que motive a las personas. Si bien la interactividad era algo previsto por los grandes expertos de la información y la comunicación —y sin duda ha aportado mucho a la Humanidad— es posible que el movimiento pendular que rige muchos aspectos de la vida nos lleve a formas de interacción diferentes. Al respecto, el catedrático de Teoría de la Información de la Universidad Complutense de Madrid, Jorge Lozano, hace una interesante reflexión: «Bertolt Brecht señalaba en la teoría de la radio la necesidad de que interviniera el receptor o el destinatario de los mensajes. Walter Benjamin celebró en esa línea la aparición de cartas al director. En 1972, Marshall McLuhan creó el neologismo «prosumer», ya acuñado en español como prosumidor, en el que un determinado individuo podía simultanear su rol de consumidor y productor al mismo tiempo. Y Lev Manovich hablaba de una cultura *software*, donde destacaba la infinita cantidad de productos culturales creados por destinatarios, consumidores, etc. Por poner un solo ejemplo: Wikipedia. Sobre el futuro incierto no soy profeta, pero apuesto a que tras tanta horizontalidad se producirá añoranza por lo vertical. Y ante todo denuedo de transparencia se volverá a reconsiderar la necesidad imperiosa del secreto. Los regímenes de visibilidad pueden tener sus límites y no ser necesariamente obscenos y el *homo locuens* no necesariamente tiene que balbucear o insultar o agredir ante el canal a su disposición». Quién sabe...

 *¿Cree que volveremos a vivir en una sociedad donde se vuelva a poner de relevancia la necesidad de intimidad como plantea el profesor Lozano? ¿Una sociedad en la que se frenará el ímpetu y la incontinencia verbal de opinar y comentar todo lo que leemos en las redes sociales?*

¿Son los *influencers* buenas fuentes de información?

No debemos observar el consumo de contenidos en redes sociales, especialmente YouTube, como un mero entretenimiento por parte de nuestros hijos. En muchas ocasiones lo que están buscando es pura información sobre un asunto concreto o área de interés. Si de alguna manera determinados *youtubers* son considerados gurús y sabios en un tema concreto, su opinión equivale a la de una autoridad en la materia. Los medios de comunicación tradicionales no son ya la única fuente de información. Personas que escriben en los periódicos o revistas o tienen una sección en un programa radiofónico eran hasta hace poco una referencia en su campo. Los aficionados al cine valoraban la opinión de sus críticos favoritos, en el deporte había expertos que analizaban la táctica empleada por el equipo que le condujo al éxito o al fracaso o, por ejemplo, en el mundo del corazón se encontraban una serie de profesionales —o incluso no tan profesionales— que desvelaban lo que se cuece en la alta sociedad o en el «famoseo» de medio pelo.

Sin embargo, actualmente, una nube de miles de ciudadanos corrientes se pone delante de una cámara o frente al teclado del ordenador y aportan su opinión y conocimientos libremente. Entre ellos, no lo duden, hay personas con un bagaje, sabiduría y un peso específico en la materia de la que hablan, pero también muchísimos aficionados que aparentan saber de lo que hablan y otros que ni siquiera lo aparentan. La clave reside en si niños de 10 o 12 años son capaces de distinguir la información fiable y de calidad entre un montón de desinformación cuando una parte importante de los adultos no consigue hacer eso cuando lee periódicos, escucha la radio o ve televisión.

La búsqueda de información ha cambiado radicalmente desde la llegada de buscadores como Google, eso lo entiende —porque lo utiliza a diario— hasta el que nunca se ha acercado a plataformas como YouTube o Facebook. Las nuevas generaciones encuentran la información en las redes sociales. No acuden a la página web de un medio de comunicación a ver qué ha pasado en el mundo, sino que si ha ocurrido algo trascendental o al menos relevante —un atentado, la victoria de un piloto en una carrera o la muerte de un famoso— se van a enterar por el revuelo o los comentarios de sus amigos o conocidos —que se cuentan por miles— que se empezarán a publicar en las redes en cuestión de segundos. La noticia va a la persona en lugar de la persona a la noticia, como lo de la montaña de Mahoma.

Otra cuestión es cuando se quiere ampliar información sobre un tema de interés, donde también ha cambiado la forma de actuar. Pongamos un ejemplo real de un padre con sus hijos de 8, 10 y 12 años. Todos, el padre también, son muy aficionados a los comics y por tanto están encantados con la fiebre de películas sobre superhéroes que inundan la cartelera del cine. Padre e hijos quieren informarse sobre el nuevo filme de la saga *Los Vengadores*. El adulto acude a las veteranas revistas de cine del quiosco, con información de calidad, y también a alguna página web fiable dedicada al llamado séptimo arte. No es tonto ni tan arcaico como para no ir a YouTube y visionar el tráiler de la nueva película a ver si le impacta. Los hijos, por el contrario, aunque también verán el tráiler como es lógico, buscan en su móvil a *youtubers* hablando de la película. Entre ellos habrá gente de nivel y auténticos papanatas y los hijos se quedarán con lo que su cerebro filtre.

La tendencia natural del ser humano al mínimo esfuerzo favorece que los más jóvenes prefieran ver un vídeo de alguien comentando y emitiendo imágenes chulas de superhéroes que por supuesto levantar el culo del sofá para buscar una revista y obtener información de calidad sobre el tema. Ni siquiera leer una buena crítica escrita en un medio digital. Lo ven como algo anticuado, además de una soberana pérdida de tiempo.

 *Los más jóvenes equiparan las informaciones y opiniones de cualquiera que publica en internet con las que pueden ofrecer periodistas o expertos de toda índole en los medios de comunicación. ¿A través de qué medios se informan sus hijos sobre los temas que les interesan? ¿Acuden a buenas fuentes o les cuelan bulos y medias verdades?*

Uso compulsivo:
ya puede ser tarde

El objetivo de este libro es que los padres y maestros se familiaricen con las nuevas formas de comunicación que rigen el día de sus hijos y alumnos. Es posible intervenir en muchas fases y aspectos del fenómeno, compartiendo con ellos la parte buena de las redes, canalizando su creatividad, evitando que hagan un uso peligroso, convenciéndoles de que esa sobreexposición de su vida privada les va a pasar una importante factura en el futuro... Sin embargo, si llegamos al punto que se describe en este capítulo, reconducir la situación no será tan sencillo y es posible incluso que se requiera ayuda profesional.

La adicción a las redes sociales ya es un problema de primera magnitud porque domina la vida de una persona. Se asemeja a otras dependencias que afectan a jóvenes en las últimas décadas y que no tienen que ver con las drogas o el alcohol como puede ser la adición a los videojuegos o al teléfono móvil. Para Amel Fernández, experto en redes sociales, nuestro uso tan intenso responde a que «estamos viviendo una era en la que los usuarios nos hemos convertido en consumidores de emociones. Nos conectamos al móvil para consumir una emoción diferente a la que estamos experimentando en ese momento en el mundo analógico. Cuando estamos esperando en la cola del supermercado, desbloqueamos el móvil para ver si esa persona que nos interesa nos ha contestado, para ver si hemos conseguido más *likes* en alguna red social, para ver algún paisaje, algo divertido, una fiesta, algo inusual, un perfil de un nuevo seguidor, un baile, una sonrisa. Cualquier cosa que nos saque de alguna forma de la emoción neutra que estamos viviendo mientras esperamos algo. La transmisión de emociones es la clave. Ahora bien, como consumidores estamos expuestos a las reglas del consumo y eso puede implicar adicción, dependencia y sensaciones de desconexión cuando por algún motivo el usuario no puede acceder a esas emociones. Es lo que se conoce como síndrome FOMO *(fear of missing out)*, que no es otra cosa que el miedo a perderse algo en el mundo digital que está sucediendo, lo cual genera sentimientos de temor a no pertenecer a un grupo o una tendencia».

Los especialistas definen claramente el cuadro que refleja que una persona está enganchada a las redes sociales. Tomemos, por ejemplo, algunos signos preocupantes que expone Kimberly S. Young, profesora de Psicología de la Universidad de Pittsburgh, en Estado Unidos, y autora del libro *Atrapados en la red*:

— Engañar o disimular cuando se les pregunta sobre el tiempo que pasan explorando las redes sociales.

—Aparecen problemas académicos con empeoramiento de las calificaciones. Antes de la emergencia de las redes sociales tal y como las conocemos ahora, cuando la adicción se centraba en foros o chats, el chico o chica estaba frente al ordenador de casa y resultaba más sencillo intuir si estaban documentándose para un trabajo del colegio o hablando con amigos. Ahora el medio para relacionarse es el teléfono móvil. Ver lo que hay en la pantalla es más que complicado, pero si no lo tienen a mano mientras hacen los deberes se elimina el factor distracción.

—Fatiga excesiva o desórdenes del sueño. Uno de los síntomas más evidentes es la falta de descanso. Dormir con el teléfono en la mesilla de noche al lado de la almohada, amén de las incógnitas sobre los efectos sobre la salud de las radiaciones electromagnéticas —por eso conviene poner el modo avión— implica que muchas personas trasnochen o madruguen para navegar e interactuar en las redes o atiendan mensajes a las tres de la mañana. Esa disrupción del sueño repercute de forma clara en el rendimiento físico e intelectual de las personas.

—Alejamiento de los amigos y las actividades que solía realizar en el mundo «real» —jugar al fútbol, salir a dar una vuelta o ir al cine— para sustituirlo por una red de relaciones virtuales.

—Pérdida del apetito e irritabilidad cuando se le pide que no use el móvil, por ejemplo, en la mesa durante la cena o cuando se le intenta comentar algo.

—Hostilidad desde el momento en que se le intenta controlar el tiempo de acceso a internet o se intenta averiguar qué es lo que considera tan interesante de las redes sociales como para supeditar todo a ellas. Él o ella sienten que se están perdiendo cosas que ocurren —post, vídeos, retransmisiones en directo…— si no están atentos. Al mismo tiempo, si no publican nada en ellas piensan que sus contactos creerán que les ha pasado algo, perderán seguidores, etc.

Cuando hemos llegado a un punto en que existe un comportamiento compulsivo no resulta fácil canalizarlo hasta un uso más contenido y racional. Internet y las redes sociales no son sustancias ilegales caras o de difícil acceso. Son herramientas que están accesibles y son necesarias en la vida escolar, laboral y también social. Todo lo que produce un placer o un entretenimiento hace que el cerebro desee más, con voracidad y sin control. El psicólogo Luis García Villameriel explica que «los adultos debemos ser conscientes y regular a los niños ya que ellos son incapaces de regular algo que a ellos les produce placer. Ellos se pueden tirar 15-20 horas sin comer ni dormir delante de la pantalla de un ordenador. Esto no es normal ni sano. Los padres debemos entrar y saber que esto va a generar un conflicto. Sí que me encuentro situaciones en las que los padres quieren intervenir y no es tarde, pero los niños tienen una carga de estimulación que va a suponer un problema quitarles. A un niño que está cinco horas diarias conectado, apartarle y decir que solo va a estar un rato, le supondrá un conflicto en la familia. Sobre este tema es importante saber que hay que poner límites desde el principio y que el uso debe ser racional y controlado. Sobre todo, una cosa muy de los padres es que piensan que los niños tienen capacidad de autorregulación. Esto no es así, ellos no saben ver si es un uso proporcionado o no, no es propio de su edad y es algo que tienen que aprender. Tal y como están configuradas las redes generan una estimulación que hace muy difícil que por opinión propia digas "lo voy a dejar". Es muy complicado porque es adictivo. Cada vez más hay programas de adicción sin sustancias dentro de la categoría de los controles de impulsos como ludopatía. Hay niños que con 11 años tienen una verdadera adicción con sus propios síntomas: ansiedad, búsqueda constante (cómo consigo conectarme, que sería su chute), depresión, problemas en las habilidades y relaciones sociales… Estamos hablando de usos abusivos, que aunque no es lo que se da siempre, existen y cada vez con más frecuencia».

 *Aquí no vale con recurrir a los dichos de las abuelas que venían a repetir que el niño estaba todo el día pegado «a la maquinita» y lavarse las manos resignados. Los padres de hoy deben saber cuantificar, cualificar y clasificar de alguna forma la actividad digital de sus*

hijos. Para empezar, no es lo mismo que dediquen a actividades relacionadas con internet el 80 por ciento de su tiempo libre, que el 20. Además, incluso aunque el móvil o la tableta sean el mismo instrumento que da acceso a una vida digital, debemos saber, porque no es lo mismo, si los menores se dedican principalmente a navegar por páginas webs y buscar información, a jugar a juegos —cuidado con los pagos que implican—, a contemplar y compartir contenidos —vídeo, fotos, textos…— creados por otros en redes sociales o, por ejemplo, a crear y subir ellos mismos sus propios contenidos de la índole que sea. Estos dos últimos puntos son los que aborda este libro.

Los padres deben preocuparse por la vida digital de sus hijos, implicarse y conocer el mundo en el que se mueven. No vale con alegar ignorancia o falta de tiempo para estar en las redes sociales. Al igual que intentamos o aspiramos a saber si nuestro hijo o hija está en un banco de la calle, ha ido al cine, está en la casa de otro compañero de clase o en un pub irlandés, cuando se trata de la red ignorar, deliberadamente o no, esa actividad es una irresponsabilidad en la educación de los menores. No pueden reducirlo todo a «está ahí con el móvil».

¿De verdad desea no formar parte ni conocer el universo en el que se mueven sus hijos e hijas? Cuando lo descubra finalmente se llevará sorpresas y quizá disgustos, pero probablemente sea tarde para intervenir en el pleno de la educación digital.

¿Por qué las redes sociales son el ecosistema perfecto para un adolescente?

Hay una etapa de la vida en la que el ser humano alcanza sus mayores cotas de incertidumbre, frustración, irritabilidad, deseo y en la que descubre muchas facetas de su personalidad. Nimios acontecimientos se viven con una pasión desaforada, donde hay drama y todo se experimenta con una intensidad que luego se echa de menos. Una auténtica montaña rusa emocional que hay que vivir. Es una fase donde tienen lugar por primera vez algunos eventos vitales que siempre se recuerdan. El profesor de Psicología Suler establece las cuatro características de la personalidad adolescente que generan que esta etapa de la vida sea el caldo de cultivo perfecto para la expansión y el uso masivo de las redes sociales.

1. Exploración y experimentación de la identidad: La adolescencia es el momento de preguntarse quién soy, qué quiero hacer con mi vida, qué tipo de relaciones quiero, quién me gusta, dónde quiero vivir, etc. Las redes sociales permiten plantearse eso mirándose en el espejo de amigos, conocidos, desconocidos anónimos y famosos que exponen ahí su vida y por tanto marcan, por así decirlo, el camino a seguir.

2. Intimidad y pertenencia: En la adolescencia, el ser humano establece relaciones íntimas que experimenta con gran intensidad. Busca encontrar personas que formen parte de un grupo y al relacionarse con ellos cumple con la necesidad de pertenencia a un grupo. En las redes sociales es posible interactuar con todo tipo de personas, de grupos, con distintas personalidades, historias, valores e intereses.

3. Separación de los padres y de la familia: Mientras el adolescente busca su propia identidad, relaciones y grupos se inicia el camino para separarse de sus padres. Aspira a tener una independencia y a recorrer su camino. En internet existe un universo para explorar el mundo y experimentar y sentir algo nuevo para ellos y además se sienten a gusto porque saben que en ese terreno sus padres saben menos que ellos, e incluso están un poco perdidos. Pero sienten libertad y tienen que dar pocas explicaciones al principio, puesto que en realidad no han abandonado físicamente el núcleo familiar, pero a la vez viven relaciones de amistad o algo más, aunque estén a miles de kilómetros, aunque no haya roce ni contacto físico.

4. Desahogo ante la frustración: En la vida real, el adolescente puede experimentar mucha frustración en el plano escolar, con la familia, los amigos, la sexualidad, etc. En internet, sin embargo, es posible desahogarse de alguna manera, bien por el anonimato que podemos conseguir si queremos, pero también por cómo podemos plantear nuestra vida digital con unos sutiles cambios en nuestro perfil, donde mostramos un «yo» perfecto o al menos idealizado que compense los problemas de autoestima.

Resulta lógico pensar que algunas particularidades de las redes sociales sean las herramientas perfectas para hacer más fácil la vida adolescente. Por ejemplo, los seguidores de una persona en las redes conforman un grupo cohesionado de *fans* en el que el adolescente encuentra ese sentimiento de pertenencia del que hablaba Suler. El abismo tecnológico entre padres e hijos también resuelve en parte la necesidad de intimidad y de independencia, porque los padres desconocen mayoritariamente los contenidos que consumen sus hijos, sus interacciones… En el fondo, es como evadirse a un mundo sin padres donde solo hay colegas y gente interesante.

 *El sentimiento de pertenencia a un grupo propicia que los adolescentes sigan a las mismas figuras entre los apóstoles de las redes sociales. También pueden interactuar con otras personas bajo la cobertura de un cierto anonimato y la personalidad mejorada que siempre uno se crea en las redes. En la adolescencia aparecen referentes mucho más interesantes que los propios progenitores.*

¿Mis fotos no gustan?
El bajón y la decepción

Sería muy complicado valorar el estado anímico real o la personalidad de tantos individuos anónimos o conocidos que tienen una alta actividad en las redes sociales, pero todos los expertos coinciden en que muchas actitudes esconden, por ejemplo, problemas de autoestima o inseguridades varias.

Pero si una persona, especialmente si se trata de un adolescente, está deprimida o no pasa por un buen momento, el hecho de que se defrauden sus expectativas de *likes* en redes sociales puede agravar ese cuadro depresivo.

«Es muy interesante analizarlo así. Por ejemplo, si una persona con depresión o con baja autoestima hace una publicación y recibe solo un *like*, la persona no se pondrá a analizar si el problema fue la publicación poco interesante o poco relevante; más bien y enseguida, su mente se dirá: "Claro, qué puedo esperar, no le intereso a nadie, o no soy tan atractiva" o "claro, es que no tengo amigos"», explica la psicóloga mexicana Paula Pacheco.

Cuando se espera alcanzar un número importante de «me gusta» a una publicación y no se consigue ese hito, las personas en mayor o menor medida experimentan un sentimiento de frustración. Esa frustración puede ser esporádica, debido a que algo que nos parecía merecedor de una reacción popular abrumadora no le ha importado a nadie, salvo a tres amigos, o una frustración generalizada debido a que las aspiraciones a ser el *youtuber* de moda nunca se han materializado.

Cuando alguien se ha propuesto ser famoso en redes sociales y ha dedicado miles de horas a crear vídeos con *looks*, contando su vida o haciendo papiroflexia y esperaba pegar el «pelotazo», una lluvia de millones de euros y abrazos virtuales, y no lo consigue, se siente muy decepcionado. La fama está reservada a muy pocos en todos los campos del arte, los medios de comunicación, el deporte o la ciencia. Por más que uno juegue bien al fútbol o sea el o la más guapo o guapa de su pueblo no es fácil llegar a vivir de eso y mucho menos convertirse en una estrella de talla mundial. Pero en el ámbito de las redes sociales muchos jóvenes ven más alcanzable su sueño, se ven capaces de triunfar. Ven a los grandes *influencers* y piensan: «Eso lo puedo hacer yo también». Piensan que pueden ser ingeniosos, estilosos o divertidos y triunfar en internet. Si eso no ocurre, que es lo más normal, llegará la frustración.

Cuando uno ve un gol de chilena de Cristiano Ronaldo donde se eleva un metro por encima de los rivales, en el fondo sabe que no podría ejecutar esa maniobra, así que el grado de frustración será menor cuando no logre ser una estrella del fútbol. Con la música sucede algo parecido. Si yo toco la guitarra y no se me da mal puedo soñar con ser Eric Clapton o Paco de Lucía, pero cuando los veo tocar automáticamente sé que no podré derrochar tanto talento sobre un escenario. Sigues admirando a tu ídolo en un pedestal y disfrutando de su arte y listo.

Perder el favor del público

Otra cuestión es cuando una persona ha tenido por momentos cierto éxito y reconocimiento en las redes sociales y algún día pierde el encanto que tenía. Entre las personas que hoy gozan de gran popularidad en Instagram o YouTube hay un porcentaje indefinido que dejarán de disfrutar del favor del público por distintas razones. Por ejemplo:

— Porque el público se canse de un estilo, como por ejemplo los histriónicos y escandalosos *youtubers* de videojuegos y y sus bromas de mal gusto.

— Porque los seguidores actuales del *influencer* maduren o tengan menos tiempo para dedicarse a ver vídeos y admirar fotos.

— Porque la siguiente generación vea al *influencer* como alguien mayor que ellos con el que no empatizan tanto.

— Porque la competencia y los imitadores sean tan numerosos que los contenidos sean repetitivos y pierdan interés.

— Porque la sociedad (esto no va a ocurrir) se preocupe por cultivar otros aspectos menos banales y no se narcotice a base de vídeos.

Son célebres los casos de *influencers* que han caído en desgracia por no saber adaptarse a nuevos gustos o formatos. Por ejemplo, célebres blogueras de moda que acumulaban miles de seguidores por los textos que redactaban no supieron hacerlo tan bien cuando las reinas de los estilismos pasaron a mostrarse en Instagram mediante fotos. Los formatos aceptados por el gran público van cambiando y exigen un reciclaje continuo para el aprendiz de *influencer*.

Al igual que ocurrió con algunos prestigiosos chefs, que se hundieron cuando les retiraron a sus restaurantes alguna de las célebres estrellas Michelin, muchos famosos en otros campos no saben aceptar que su época dorada ha pasado. El mundo de los *influencers* es competitivo, el éxito de unos eclipsa al de otros, el pastel de la fama y el dinero se puede repartir de muchas formas. La caída de los dioses va a arrastrar a más de uno a un abismo de autodestrucción. Lo veremos.

Pero volviendo a lo que nos preocupa, en esos menores que aspiran a ser estrellas de las redes y a ganar mucho dinero, a trabajar poco y a ser los más «guays» del Universo, algunos expertos ven algo positivo en esa carrera frustrada de *influencer*. «Ciertamente puede llevar a la depresión, pero no en todos los casos. Para algunas personas, puede ser una experiencia de aprendizaje importante. Trabajaron duro para conseguir la fama de las redes sociales, finalmente se sintieron aburridos o frustrados por ello, y cuando su fama disminuye, se dan cuenta de que su búsqueda fue errónea», asegura el psicólogo estadounidense John Suler.

 *Cuando los chicos y chicas publican una foto o vídeo y no obtienen el número de «me gusta» que esperaban pueden experimentar cierto grado de frustración y decepción. Este relativo fracaso, sobre todo entre quien aspira a convertirse en un peso pesado de las redes sociales, suele ser pasajero y superable. Pero los expertos recomiendan estar atentos a aquellos jóvenes con cierta falta de autoestima o tendencias melancólicas o depresivas, pues la falta de éxito popular de sus publicaciones puede hacer mella en su desarrollo emocional.*

Fenómeno *selfie*

Hubo un tiempo en que se llamaron autofotos. Cuando íbamos provistos de cámaras de carrete y luego durante el breve reinado de las digitales. Con la llegada del móvil, el *selfie* se convirtió en el elemento que no puede faltar en cualquier evento social. Pero casi nadie sale bien en los *selfies* por la cercanía con la cámara, así que, en las redes sociales, más que los autorretratos, dominan los retratos de uno mismo. Es decir, el autor de la cuenta publica una imagen de su persona, sea tomada con su mano o un «palo*selfie*» o por un alma caritativa que le saca la foto y, en el caso de un profesional de la influencia, por alguien de su equipo o un fotógrafo «de verdad». *Selfie* es un término que la Real Academia Española recomienda escribir como «selfi» y que se ha introducido en el lenguaje cotidiano con una fuerza inusitada. El prestigioso diccionario de Oxford la declaró palabra del año en 2013 argumentando que ese año su uso en la lengua inglesa había aumentado un… ¡¡¡17.000 por ciento!!!

El selfi —con «e» o sin ella al final— es imprescindible hasta la náusea, sobre todo en los viajes, pero también en los nacimientos, las bodas, las carreras populares, en cualquier cena o fiesta patronal. Cuando se disparó el uso de palos *selfies* para sujetar el móvil a cierta distancia y altitud un enclave turístico era como una batalla medieval con espadas en alto hasta que, con buen criterio, los museos prohibieron su despliegue.

En cualquier caso, incluso entre personas que usan con intensidad las redes sociales, como creadores o como consumidores de contenidos, hay quien es más propenso a publicar autorretratos —aquí hablamos de Instagram y Facebook, sobre todo— que otros que se decantan por compartir fotos de paisajes, imágenes curiosas o acontecimientos relevantes. La realidad es que ganan por goleada los que tendemos a clasificar como narcisistas, por estar todo el día pavoneándose ante la cámara con posturas interesantes y mirada desviada, pero una investigación de la Brigham Young University de Utah (EE.UU.) ha establecido algunos matices entre las personas que publican *selfies*. Así, establecen tres categorías dentro de esta cultura social saturada de imágenes del autor de la publicación.

Por ejemplo, los bautizados como «comunicadores» son aquellos que publican el *selfie* con el fin de fomentar una conversación o interacción con sus familiares, amigos y seguidores, buscan generar una reacción y una comunicación bidireccional. Los autores del estudio ponen el ejemplo de que la actriz Anne Hathaway —*Los miserables* o *El diablo se viste de Prada*— que se retrató ejerciendo su derecho al voto y numerosas personas siguieron el ejemplo en un movimiento espontáneo para concienciar sobre los derechos civiles.

Otra categoría de los habituales a los *selfies* serían los que se podrían calificar como «autobiógrafos». Ellos usan los autorretratos para dejar constancia de hechos relevantes que viven. Pongamos un ejemplo en la visita a un monumento impresionante en el extranjero —del tipo del Taj Mahal, la Torre de Pisa o el Kremlin— o cuando nos dan una medalla por llegar a la meta en una media maratón. Aunque el autor de la autofoto pretende, obviamente, que otros vean la foto y la alaben —porque si no, se la guardarían en su móvil para ellos—, el matiz diferencial estriba en que no

102

necesariamente están esperando que nadie les responda, ni iniciar conversación o hilo alguno.

Por último, existen los que se autopromocionan o se dan bombo, auténticos *yonkies* de la infructuosa e incomprensible tarea de documentar cada momento de su vida como si eso le interesara a alguien. Es decir, se autorretratan tomándose un café por la mañana, maquillándose, yendo al super, conduciendo y en un sinfín de actividades cotidianas, aunque siempre luciendo estupendos. Presentan cada acontecimiento retratado bajo un prisma positivo y de pretendida felicidad cotidiana. El mayor exponente mundial de esta categoría es Kim Kardashian, un auténtico icono de las redes sociales, que ha roto en pedazos el concepto de intimidad para hacer además un sabroso cóctel de dinero y fama.

Selfie *es un término que se ha extendido como la peste en todos los idiomas. Las redes sociales están propiciando la introducción de nuevas palabras, casi siempre anglicismos, que manejamos con soltura. Otras tantas se definen en este libro como* **influencer, engagement,** *el propio* **like, hashtag, blogger,** *etc. Algunas otras también conviene conocerlas porque forman parte, igualmente, del lenguaje de los menores con los que queremos conectar. He aquí algunos ejemplos:*

*—***Troll** *(según la RAE, trol): Ser mitológico que vive en cavernas y regiones boscosas de Escandinavia. En el terreno de las redes se trata de una persona que publica mensajes provocadores, irrelevantes o fuera de tema en una comunidad en línea. Insulta, ofende, publica informaciones falsas o difama.*

*—***Stories:** *Las historias de Instagram o Snapchat son publicaciones efímeras, visibles durante 24 horas.*

—**Boomerangs:** *Además de ese invento australiano que te vuelve si lo lanzas (si lo lanzas bien, claro), se trata de una aplicación que hace una decena de fotos, las empalma y genera un vídeo de 3 o 4 segundos, reproduciéndolo hacia adelante y hacia atrás.*

Selficidio

Tan célebre como genial es la frase de Albert Einstein: «Dos cosas son infinitas: el Universo y la estupidez humana; y yo no estoy seguro sobre el Universo». La vida es algo precioso, pero el cuerpo humano que la encierra es bastante frágil, así que por desgracia siempre está amenazada. Las enfermedades, los accidentes de tráfico, caídas, agresiones… Hay mil y una formas de perderla, pero el mayor reflejo de esa estupidez humana inherente a las personas de la que hablaba Einstein es arriesgarla para tomarse una fotografía. Eso ha superado a la imprudencia de conducir bebido o al denominado *balconing* —tirarse a una piscina desde una terraza— porque muchas idioteces propias de la juventud y con trágico final tienen como denominador común que el raciocinio de la víctima estaba nublado por el alcohol.

Más grave es por tanto que en plena posesión de las facultades mentales, sin tener alterados los sentidos, alguien pierda la vida por presumir, fardar, ser más «guay» o como queramos definirlo.

Habrá un día que dejará de ser noticia que una persona ha fallecido por intentar hacerse el *selfie definitivo* —nunca mejor dicho— en un lugar inaccesible o en una situación arriesgada. En los Sanfermines de Pamplona está prohibido tomarse fotos mientras se corre al lado de un toro bravo de más de media tonelada de peso, pero los agentes de la ley tienen que imponer la norma bajo la coacción de la multa o requisando los teléfonos móviles porque, de lo contrario, sabe Dios que muchos de los jóvenes que corren intentaría hacer la foto de su vida en ese evento.

Son demasiadas las tragedias que tienen como nexo el exhibicionismo extremo. En encierros menos controlados que los de la capital navarra ha habido fallecimientos mientras alguien se retrataba con el astado, como también son cada vez más frecuentes las caídas desde las alturas. Personas que se cuelgan de una viga, pasean por la azotea de un edificio o se acercan al borde del acantilado, como le ocurrió a un matrimonio polaco que se precipitó al vació delante de sus hijos para tener la foto soñada.

Parece que cuando el objetivo es captar la autofoto más impactante de la que poder presumir la más esencial cautela y percepción del peligro desaparecen. Dejamos de prestar atención al entorno y a valorar el riesgo que asumimos. En todo tipo de safaris, los turistas intentan acercarse lo máximo posible a animales salvajes, pero qué decir de la estupenda idea de hacerse el *selfie* conduciendo o en una tormenta eléctrica, sobre todo si tenemos un palo metálico en la mano para sujetar el teléfono o la cámara.

De hecho, lejos de ser algo banal y anecdótico, la fiebre del *selfie* llevó hace un tiempo al Ministerio del Interior de Rusia a elaborar una guía donde establece ciertas zonas en las que es preciso renunciar a la buscada autofoto. Parece ridículo que haya que recurrir a señales gráficas para recalcar algo que es de sentido común: no hacerse fotos en las vías del tren, en carretera, mientras conducimos o manejamos una lancha fuera borda, junto a una torre de alta tensión, con un arma en la mano, al borde de unas escaleras o pendiente empinada, etc.

Además, una de las modas actuales «más cuestionables» está llevando a muchos jóvenes a fotografiarse con personas sin hogar, se añade en la nota del Gobierno ruso.

Pantallas Amigas por su parte, insta a no sacarse un *selfie* al menos en las siguientes situaciones: cerca de animales salvajes o especies que puedan «hacernos daño», en zonas de tránsito de trenes y automóviles o en circuitos diversos de carreras.

Tampoco mientras se usen objetos peligrosos que requieran extremar precauciones; ni cuando se conduzca un vehículo de motor (bicicleta, patinete, automóvil, etc.); ni en barrancos, precipicios o lugares con riesgo de que uno se caiga; ni con tormentas eléctricas. Asimismo, se insta a evitar el autorretrato cuando se esté en movimiento en una atracción de feria; en situaciones violentas y arriesgadas (peleas, tumultos, incendios); mientras se practican actividades o deportes de alto riesgo y cuando se invada la intimidad y privacidad ajenas. Instrucciones de perogrullo, que parecen ignorar los incautos obsesionados con presumir en la red.

Una de las múltiples noticias reales que nos sobresaltan y que dan cuenta de una desgracia relacionada con alguien que intentaba hacerse un **selfie** *representa una buena oportunidad para sacar el tema en casa o en el centro escolar y concienciar a los jóvenes desde niños de que arriesgar la vida por una imagen «chula» e impactante es un acto estúpido.*

Retrata tu comida, ¿promoción de la salud?

Una tendencia creciente en redes sociales es la de fotografiar platos con comida. La fotografía gastronómica, que siempre ha sido un arte y requiere de mucha técnica, «ha bajado a la arena». Cuando la comida ya está sobre la mesa en un restaurante o incluso en casa, alguien dice: «Esperad, que le voy a hacer una foto al plato». Cada vez es más habitual esta situación para enfado del que tiene un hambre atroz y también incluso para algunos *chefs* de prestigio que, pese a que las fotos les puedan dar notoriedad al restaurante, piensan que se está prostituyendo la experiencia culinaria para conseguir unos *likes*. Efectivamente, en redes sociales, un objetivo claro de muchos de los contenidos es provocar envidia en los demás y a la vez presumir de lo *cool*, caro o elegante que es el sitio donde estamos cenando. Probablemente, todo el mundo con una cuenta en Instagram lo ha hecho alguna vez,

Todo esto se puede hacer con un cierto grado de normalidad en diez segundos en vez de estar mareando los platos para conseguir la instantánea perfecta. Platos perfectamente organizados, pero que se comen fríos. La periodista de televisión Flora González, una voz crítica y sensata, pero con mucha presencia en redes sociales, recuerda cómo engordó siete kilos escribiendo crítica gastronómica para lo que se formó y el peso que cogió da fe de que probaba los platos para publicar una opinión fundamentada sobre las delicias que ofrecía el restaurante en cuestión. «Ahora las *influencers* ya están recomendando comidas que ni siquiera han probado aún. Las recomiendan porque es bonita, porque les invitan, etc.». De hecho, la promoción de muchos locales pasa porque ciertas personas con influencia escriban o publiquen algo sobre ellos. Obviamente, a los periodistas especializados en gastronomía y viajes, por ejemplo, se les ha invitado siempre a ciertos restaurantes para que degusten sus creaciones y escriban sobre ellas en los medios. El periodista opina sobre el local y los platos en base a su experiencia, su formación y un criterio profesional —siempre hay excepciones, ojo— y eso se diferencia bastante de que un *influencer* o *famosete* le haga una foto a un plato y diga está riquísimo sin ni siquiera haberlo probado. Eso por no hablar de cuando llaman a un restaurante y hotel y quieren comer por la gorra con sus amigos a cambio de unos *posts* o unas fotos. Si el restaurante desea promocionarse y esta es una buena vía, pues adelante, pero que nadie entienda que eso es algo remotamente parecido a una crítica gastronómica, ni información objetiva. Es publicidad pura y dura.

Sin embargo, el fenómeno de la publicación de fotos de comida tiene una vertiente mucho más interesante y terapéutica. Por una parte, debemos tener en cuenta que las redes sociales, en combinación con la mentalidad de la sociedad actual, es una oda a la vida sana. Las personas no se retratan vagueando en el sofá, a no ser que tengan un gato en el regazo, ni drogándose, comiendo como cerdos, ni haciendo un botellón en un banco del parque. Cuando se sacan fotos de comida rápida o alimentos poco saludables siempre tiene una pincelada de *glamour* en la medida de los posible. Y en el caso del alcohol, las copas tienen que tener el colorido necesario y reflejar la diversión contenida de la gente guapa, no un patético pedo de mirada porcina. En resumen, en las redes, la vida sana, el ejercicio, la comida y el estilo de vida saludable tienen un peso específico.

Efectos positivos

Aunque ha quedado claro el abundante postureo en este sentido, la verdad es que puede ser una herramienta muy positiva para promover buenos hábitos. Por una parte, distintos estudios han demostrado la eficacia a la hora de perder o controlar el peso de los llamados diarios de comida. Se trata de documentar lo que ingerimos a diario, anotándolo en un cuaderno, por ejemplo, pues el individuo es más consciente de lo que come y las cantidades que ingiere e incluso compartirlo con otras personas en una suerte de terapia colectiva y ayuda en comunidad. Pero bien sea en papel o en un blog, la realidad es que la pereza puede vencer al entusiasmo inicial y que se abandone esa tarea.

Sin embargo, si lo único que hay que hacer es una foto al plato y escribir un pie de foto que ponga «huevos con chorizo», por ejemplo, resulta más sencillo completar este tipo de terapias. Los especialistas recomiendan, no obstante, crearse una cuenta distinta de la personal para enfocarla solo al apartado nutricional. Así, también la gente que interactúe con esa cuenta se circunscribirá a este tema. El refuerzo de los *likes* cuando el usuario expone sus platos dietéticos y los comentarios de apoyo está demostrado que pueden ayudar a cambiar los patrones de alimentación y a adelgazar.

«Los pacientes adolescentes internados en clínicas a causa de su obesidad describen como una experiencia positiva la participación en foros de internet sobre nutrición y dietas donde encuentran inspiración para seguir una dieta y apoyo por parte de otras personas, pero que a veces es difícil saber el grado de confianza de la información o si se cuela contenido comercial en esos espacios. Otro estudio refleja asimismo que alimentos poco saludables como las chucherías, los helados o los refrescos son siempre retratados en las redes de una forma muy favorable, pero en general las redes sociales pueden tener un potencial importante para promover la salud», explica Christina Berg, profesora del Departamento de Alimentación, Nutrición y Ciencias del Deporte de la Universidad de Goteborg (Suecia).

Por su parte, en la misma línea, Christopher Holmberg, de la misma universidad, asegura que «distintos estudios con resonancia magnética han demostrado cómo las áreas del cerebro relacionadas con el apetito reaccionan ante imágenes de comida. Otras investigaciones aseguran que los jóvenes con problemas de obesidad pueden reaccionar de forma negativa —consumir comida poco sana y con muchas calorías— cuando ven fotos de comida que publican amigos y conocidos. Sin embargo, por ejemplo, las investigaciones reflejan que viendo vídeos de cocina sana en YouTube aprenden y se animan a hacer nuevos platos o batidos de frutas para desayunar. Las redes sociales pueden ser una herramienta para comunicarse con el público adolescente y si una persona con un problema de obesidad comparte sus esfuerzos por llevar una vida saludable puede animar a otros en su misma situación a seguir sus pasos porque ven que es factible llevar un estilo de vida saludable».

Algunos profesionales sanitarios han cobrado gran relevancia en las redes sociales, con una responsabilidad y seriedad dignas de elogio sin por ello ser menos cercanos. Su labor de educación sanitaria o a la hora de desmentir bulos o *fake news* mediante vídeos didácticos, por ejemplo, aporta valor a la sociedad. Marian García, más conocida como Boticaria García, es uno de ellos. La farmacéutica expone un caso de éxito aplicado al campo de la nutrición. «He comenzado una iniciativa sobre cómo enfocar los menús de las cenas siguiendo un determinado patrón y ahora recibo a diario por redes sociales fotos de platos de comida, que algunos de mis seguidores han preparado siguiendo este patrón. Evidentemente es una responsabilidad, pero una responsabilidad que uno adquiere voluntariamente».

Pero García advierte también de la cautela con que hay que tomar determinados contenidos en las redes. «Instagram es una plataforma maravillosa para introducir tendencias *healthy* que en realidad no lo son o que pueden ser una estafa, como las bondades atribuidas a determinados suplementos o superalimentos. Por otro lado, llama la atención cómo a muchos *influencers* que teóricamente presumen de estilo de vida saludable, no les tiembla el pulso a la hora de publicitar comida basura. No tengo claro que la influencia sea totalmente positiva», concluye.

Menos ropa, más *likes:*
Sexygrammers

Entre las personas con profesiones muy vinculadas a su imagen como modelos, actores y actrices o presentadores/as de televisión, las redes sociales representan un escaparate perfecto para no perder el favor del público y garantizar su presente y futuro laboral. Prácticamente se ha convertido en un pilar fundamental de su actividad profesional, es parte de su trabajo. Sus estudiadas fotos en Instagram reciben corazoncitos por doquier y la exhibición del cuerpo en según qué casos es una constante que llega incluso a aburrir. Las imágenes con difusas barreras entre el arte, la sensualidad y la sexualidad abundan en las redes, lo que no es ni bueno ni malo; cada cual elige lo que publica y lo que muestra de su físico. Tengamos como premisa que mostrar el cuerpo sin pudor no es algo censurable en absoluto y que la libertad debe prevalecer.

Pero sería ingenuo no pensar en cómo determinadas personas están utilizando su imagen de la manera que más éxito tenga entre el público anónimo que les sigue. Las fotos sin ropa en una cama, o en la playa tapando lo necesario para que la red social no censure la imagen, se convierten incluso en noticia para algunos medios de comunicación, lo que refuerza la idea de que es beneficioso para la carrera de famosos asiduos al papel *couché,* de los que no dan un palo al agua, y también de los que trabajan de verdad en el cine, la televisión o la moda. Vamos, que en la mayor parte de los casos —hay excepciones— esa foto sugerente de un cuerpo semi desnudo no tiene otra función que la de atraer la atención de más gente de la que atraería a la misma persona ataviada con un jersey de cuello alto.

Incluso aunque no se trate de personajes públicos, las redes están plagadas de ciudadanos anónimos con posados sugerentes de todo tipo. Esas personas que se autorretratan con un *look* favorecedor y estiloso también suelen publicar fotos «subidas de tono» —en una expresión un poco rancia, pero que todavía se escucha bastante— porque van acompañadas de una reacción más activa por parte de los que la siguen. En este caso y tratándose de adultos, la libertad de exhibirse como uno desea prevalece ante todo, más cuando seguir a una persona es algo voluntario. Si crees moralmente reprobable las fotos que publica alguien, basta con no seguirle para evitarse el disgusto.

Cuando el contenido principal de las publicaciones de la usuaria es ella misma en actitudes más o menos erotizadas se la puede calificar como una *sexygrammer.*

Para la psicóloga Paula Pacheco, «se trata de un problema social que tenemos. El sexo vende, y vende por una razón: los estereotipos que nos han impuesto son a través de cuerpos perfectos, que se muestran relacionados con una vida de ensueño, de amor eterno, de dinero, de lujos, de admiración… Hacen que, aunque sea inconscientemente, los busquemos y trabajemos por ellos. Por supuesto no es de llamar la atención que los adolescentes entonces caigan en este tipo de comportamientos para "enamorar a alguien", "para subir su autoestima", "para mostrar lo valiosos que son"… para venderse».

Dicho esto, tanto famosos como aspirantes a famosos, así como personas que se creen guapas y apolíneas como para estar todo el día enseñando abdominales y culo deben ser conscientes y estar preparados para asumir que los que comentan las fotos pueden elogiar tu aspecto o, por el contrario, soltar los comentarios más crueles, soeces y ofensivos concebidos por el ser humano.

Una losa en su futuro

Los menores no ven nada malo en replicar la estrategia de sus ídolos de la tele, las revistas y las redes en general, pero lo que publiquen a sus 16 años puede ser una mochila muy pesada para el resto de sus vidas. No vamos a abordar ahora los problemas descomunales de pasarse fotos o vídeos desnudos a esas edades y que circulen por un instituto o se hagan públicos, lo que destroza la frágil autoestima adolescente, ya que este libro analiza más bien las redes sociales públicas más que los servicios de mensajería instantánea. Sin embargo, muchos jóvenes están sufriendo las consecuencias de un acto estúpido e inconsciente —o incluso contrario a su voluntad, como grabar a otro en un vestuario— y en casos extremos pueden ser víctimas de despiadados actos de chantaje por parte de algún compañero.

Centrémonos en las fotos publicadas por uno mismo de forma voluntaria —por ejemplo, en Instagram— en el afán por destacar en el escaparate de las redes sociales. No hay duda de que otorgan más notoriedad las fotos sensuales, es un hecho. Pero el protagonista de la imagen debería pararse a reflexionar un momento y pensar que un montón de *likes* proceden de hombres (en su mayoría) que se excitan con su imagen, ven poco arte en la fotografía y les importa poco su vida, sus motivos o sus sentimientos. Muchas personas no están valorando la belleza en conjunto de una persona, sino simple y llanamente un cuerpo desnudo y una cara bonita. Es el sumun de la superficialidad.

Tratándose de menores, cuando los padres comprueban que su hija o hijo está colgando por ahí fotos de esta índole puede ser demasiado tarde. Lo mejor es que el chico o chica llegue a la conclusión por sí mismo de la mala idea que puede ser publicar fotos semidesnudos.

Para empezar, como comenta Xiana Siccardi, periodista especializada en Social Media e *influencers*, «pocas veces se explica a esas personas de los enormes riesgos que emanan de algunas exposiciones de ese tipo. Lógicamente una persona puede exponer su cuerpo sin que por ello deba recibir comentarios obscenos, insultos o propuestas sexuales, pero lamentablemente ese resultado es algo muy habitual y hay que estar preparado para leerlo y, si es necesario, denunciarlo. Sin olvidar que esas imágenes publicadas nunca volverán a estar bajo el control de la persona que las subió a sus redes».

En la misma línea, la periodista e *influencer* Flora González, asegura que «me parece aterrador ver a niñas de 12 años haciéndose *sexy selfies*. Es cierto que siempre hemos jugado a ser mayores, pero en esto influye la educación temprana. Estamos viviendo la generación llavero. Niños que salen del colegio, se van a sus casas y se tiran solos horas hasta que sus padres llegan de trabajar por la noche. Esto está teniendo consecuencias evidentes en la sociedad. Ahora los niños tienen la herramienta para poder mandarle una foto desnudo a su compañero de clase, pero también entra en juego no solo la herramienta sino la educación y la capacidad de decisión y de entendimiento, que sepan que hay unas consecuencias. Explicarles desde pequeños lo que es la huella digital y cómo Google va a mantener y te va a recordar continuamente algo que hiciste hace 10 años, porque yo por ejemplo lo sufro».

Así, «este exhibicionismo, en el futuro le puede avergonzar y traerle consecuencias indeseadas. Además, condiciona la opinión que los demás tienen de él y debe saber todas las posibles interpretaciones que se pueden hacer de su comportamiento y, por supuesto, puede atraer la atención de personas indeseables», asegura el psicólogo Alex Palau.

Consecuencias indeseadas

Si los padres constatan la existencia de este tipo de imágenes se impone una conversación sincera con el adolescente, habitualmente poco proclive a hablar de esto con sus progenitores. Algunos psicólogos consideran una buena idea ponerles ejemplos de jóvenes como ellos que hayan tenido muchos problemas por mostrar este tipo de fotos, casos reales, personas con las que se puedan identificar.

Para la periodista Begoña del Pueyo, una de las mayores expertas en comunicación y adicciones de España, «hay algo que siempre es fácil recomendar y difícil de practicar como padre o madre, pero a la vez es lo más importante: educarles en la responsabilidad. Inculcarles que el responsable último de sus comportamientos es él mismo o ella misma. Para eso es importante fomentar la autoestima y proporcionarles habilidades para enfrentarse al grupo y no seguir ciegamente sus actos. No son fórmulas mágicas, pero ayuda en todas las situaciones: frente a las drogas, los chats de internet, el juego *online* (una amenaza real para adolescentes que creen poder sacar un dinero apostando impunemente) …».

Por su parte, John Suler, autor del libro *Psicología de la Era Digital*, considera que los jóvenes son cada vez menos inconscientes en este terreno. «Usar la sexualidad de uno para ganar fama en los medios sociales va a ser un gran error la mayor parte del tiempo. Es especialmente malo para los adolescentes. Afortunadamente, los jóvenes se están volviendo más conocedores de esto. Puede haber presión para ser *sexy online*, pero la experiencia les está diciendo a todos que este tipo de comportamiento puede provocar grandes problemas».

«En el caso específico del exhibicionismo de tipo patológico (parafilia), este puede interpretarse como la necesidad de sentirse reconocido como agente sexuado. Preocupa que este tipo de comportamiento conlleve a una pobre satisfacción sexual cuando se tenga la oportunidad del sexo, toda vez que es posible que se hubiera establecido un patrón o modelo de las conductas sexuales y después estas no coincidan con los patrones de la pareja, resultando en un conflicto», explica el psicólogo mexicano Néstor Fernández Sánchez.

Para el especialista mexicano debemos acercarnos al menor y tratar de interpretar sus respuestas, pues por su edad y la naturaleza de la conversación no será fácil que sus respuestas indiquen de forma directa el problema que subyace tras ese comportamiento.

Conversaciones sinceras

En cualquier caso, si los hijos e hijas son todavía pequeños y su relación con los móviles es muy limitada pero los padres están ya preocupados por el uso de las tecnologías en un futuro, habrá tiempo de ir teniendo conversaciones importantes —ir sembrando poco a poco— para que cuando se vuelque con las redes sociales sea consciente del grado de exposición de su cuerpo que quiere alcanzar y los posibles riesgos.

Valentín Martínez Otero, doctor en Psicología y en Pedagogía y profesor de la Facultad de Educación de la Universidad Complutense de Madrid, asegura que «es fundamental el diálogo frecuente, sincero, orientativo y afectivo con los hijos. Se debe educar en valores y ofrecer referencias sólidas. Establecer con los propios hijos normas razonadas y razonables de uso de las tecnologías, de manera que se controle cuando proceda el manejo que están haciendo, no para invadir su intimidad sino para protegerlos».

Pero si durante demasiado tiempo hemos ignorado totalmente los contenidos que lleva años publicando el o la menor y un día nos escandalizamos al ver las fotos partimos con una gran desventaja y puede ser demasiado tarde. Si logramos acceder a las imágenes ya será un gran logro, pues al chico o a la chica no le hará gracia que sus padres fisguen en sus redes sociales, así que no nos van a aceptar como amigos ni nada parecido. Alex Palau cree que «este tipo de comportamientos empieza de manera progresiva. Si descubres que está todo el día haciéndolo es que has estado muy despistado. Si además esos *looks* son inapropiados para su edad y para una publicación no privada, también has fallado en educarlo/a en valores y en considerar las consecuencias de sus acciones. Puedes intentar arreglarlo y hacer tus deberes, si te da tiempo».

«Si estoy viendo —añade Siccardi— que ya está pasando ciertos límites, es mi responsabilidad como padre cuidarlo moral y socialmente. Mientras sea menor de edad y/o siga viviendo en casa, el padre puede poner los límites ante esto. El problema será si no se inculcaron valores, límites o una buena relación dentro de la familia, y cuando salga de casa o sea mayor de edad los padres ya no podrán hacer mucho si es que quiere desnudarse en internet; por eso es importante el trabajo previo de la crianza».

Los padres que no utilizan las redes sociales y desconocen su funcionamiento deben tener claro el recorrido que podría tener una imagen en ropa interior de su hijo o hija. En primer lugar, hablamos de fotos sensuales, *sexys* o de semidesnudo, ya que las redes sociales más populares no van a permitir que aparezca un pecho, por ejemplo. El puritanismo norteamericano ha llevado incluso a censurar obras de arte clásico, de cuadros a escultura. Así que un desnudo integral en teoría no se publicaría jamás. Pero fotos en ropa interior o con las manos tapando las genitales sí podrían publicarse.

Y, además, —y en eso no piensan nunca los jóvenes— cuando nos hemos registrado en una red social como Instagram o Facebook les hemos otorgado una licencia de uso mundial, gratuita, no exclusiva, sub-licenciable y transferible, sobre todo el contenido que subamos. Todo eso venía en esos términos y condiciones que nadie lee. Pero en realidad tampoco es para preocuparse en exceso, porque si las redes sociales hicieran eso a lo que tienen derecho, es decir, ceder o comerciar con las fotos, se acabaría su negocio.

Pero lo que sí puede ocurrir —y ocurre— es perder el control de las imágenes. Por ejemplo, si yo mismo he publicado una instantánea de la que me arrepiento bien porque estaba en una actitud incorrecta —bebido, por ejemplo— o salgo feo, puedo eliminarla de mi perfil sin problemas. Pero lo que nadie puede evitar es que cuando alguien vio la foto hiciera una captura de pantalla y se la pasara a un montón de amigos, que a su vez se la pueden pasar a muchas personas más. Haciendo un recorte de lo que aparece en la pantalla del móvil se guarda la foto y ese archivo se puede distribuir masivamente.

Como comentamos, las redes sociales convencionales, no las del submundo de la perversión y la delincuencia, no favorecen los desnudos. Sin embargo, a los ojos de un pederasta degenerado esas inocentes fotos de bebés desnuditos son oro puro. ¿A qué conoces a muchas personas que comparten esas fotos tan tiernas? Y en el caso de niñas un poco más mayores o adolescentes, las divertidas fotos en la playa o la piscina pueden resultar excitantes para personas con un trastorno tan abominable.

Una foto sin ropa o con cierto cariz sexual puede perseguir a una persona toda la vida, una huella indeleble e inquisidora nefasta para una personalidad en formación.

Puede que ciertas imágenes sensuales obtengan una cantidad exorbitante de likes, *pero ¿qué personas valoran como atractiva esa imagen?, ¿le otorgan algún mérito artístico?, ¿la consideran bella? ¿O solo ven carne?*

Una selección de los soeces e hirientes comentarios que acompañan a muchas imágenes de personas populares en redes sociales puede servir para que las chicas vean las desventajas de los desnudos gratuitos.

El feminismo adolescente
y el desnudo

El fenómeno de las fotos *sexys* tiene múltiples interpretaciones, todas respetables y algunas más cuestionables que otras. Ante esas famosas que comentábamos en el capítulo anterior, que periódicamente cuelgan fotos muy sugerentes, muchas personas ven un simple afán de notoriedad por la vía rápida. Pero otras mujeres argumentan que esas imágenes no son sino el reflejo del empoderamiento —horrible palabra— de la mujer actual, que puede mostrar su cuerpo si le apetece, en la pose y actitud que le dé la gana porque es dueña de su cuerpo, etc., como si en la playa quiere hacer *topless,* o quiere ir con escote o minifalda por la calle sin derecho a ser molestada.

No se puede caer en el error de generalizar el significado de las imágenes y las pretensiones de las autoras. Es cierto que muchas *celebrities* en redes sociales con cuerpo diez y bello rostro han expresado claros mensajes defendiendo los derechos de la mujer entre tanta autofoto. Y que todo tipo de personas —mujeres y hombres— del mundo del cine o la música han publicado reivindicativas imágenes y mensajes denunciando las actitudes machistas o contra la propia censura hacia el cuerpo femenino que existen en los gestores de las redes sociales.

Pero habría que ser muy ingenuo para no ver que esa bandera de la libertad traducida en desnudo es muy rentable para el o la que posa y que en muchos casos subyace una simple estrategia de *marketing*.

En cualquier caso, hay quien compara esos desnudos y actitudes eróticas con la época en la que las mujeres empezaron a desafiar la moral imperante y los cánones de la vestimenta poniéndose pantalones, minifalda o quemando los sujetadores. Pero otra parte del feminismo activista no ve tan claro que la lucha por la igualdad pase por publicar fotos desnudas, ni que las presentadoras y actrices de moda deban ser las que lleven sus estandartes. Creen que es un reduccionismo el concepto de que soy feminista y soy libre y enseño lo que quiero y que esa actitud cambia la sociedad. O plantean que cuando se piensa que se está ejerciendo esa libertad como mujer se está a la vez alimentando la máquina de estereotipos que devora a la sociedad.

En redes sociales el análisis no puede ser más superficial, la vida va a velocidad de vértigo y reaccionamos —aplaudiendo o compartiendo una publicación— sin pensar en su verdadero significado y trascendencia, pues resulta que tenemos un cóctel de feminismo, libertad, sexo, exaltación de la belleza y cosificación de la mujer de difícil digestión.

Reivindicación

Pero la clave reside en cómo lo puede interpretar un adolescente si ya de por sí la cuestión genera polémica y división entre mujeres cultivadas y expertas en feminismo o incluso entre activistas declaradas.

La realidad es que cada vez más menores de edad deciden adoptar la que parece la actitud más combativa y exitosa a la vez, que es la que observan en sus ídolos de Instagram: la de mostrar su cuerpo sin ropa como expresión de su lucha por los derechos de la mujer y contra los abusos de una sociedad patriarcal.

Ante controvertidas sentencias judiciales en casos de abusos sexuales —el paradigma es el caso de los jóvenes conocidos como «La Manada»— muchas chicas de corta edad han canalizado la rabia social que generó el proceso judicial y la sentencia a través de desnudos en las redes. Un emoticono que tapa un pezón o una mano ya sirven para que la red social no impida la publicación de la foto. Aun siendo loable la intención e incluso positivo que personas tan jóvenes se posicionen ante problemas sociales o injusticias, lo que está claro es que esas chicas no pueden tener un pensamiento formado acerca del feminismo o el enfoque de género. Y a diferencia de sus ídolos del universo digital —mayores de edad— esos desnudos podrían acarrear consecuencias en el futuro si perduran en el tiempo.

Por una parte, sus conocidos —por ejemplo, sus compañeros de clase— pueden hacer un uso indebido de la imagen, pueden juzgarla sin piedad y a eso se suma el hecho de que indeseables y delincuentes sexuales están atentos a las redes sociales.

Los padres ajenos al contenido que su hijo o hija publica en redes sociales, que son la mayoría, pueden quedar muy impresionados si logran acceder a esas fotos o vídeos —algo que sus vástagos intentarán impedir— y lo que ven son desnudos por doquier, aunque el fin sea reivindicar con sus armas adolescentes una injusticia o la igualdad entre hombres y mujeres. Una vez más, la actitud más adecuada habría sido una buena conversación cuando el o la menor empezó su andadura en redes sociales. Eso en lo que respecta a la conveniencia de publicar desnudos con 14 años y los riesgos que comporta. Sobre feminismo e igualdad tampoco viene mal hablar con ellos y ellas; puede que los pequeños enseñen también algo a sus padres.

Niños fascinados
por YouTube

El canal de vídeos es la nueva televisión para adolescentes, pero también para niños más pequeños que jamás llegarán a comprender que, en otros tiempos, en una familia alguien preguntara: «¿Qué ponen esta noche en la tele?». Móviles y *tablets* son algo de uso tan cotidiano en la sociedad, que a nadie debe extrañar que incluso los más pequeños lo perciban como algo familiar. Cuando crecen un poco, son el elemento perfecto para narcotizar intelectualmente a un niño gritón y que nos deje comer en el restaurante o mantener una conversación con otros adultos. En YouTube encontramos millones de vídeos de dibujos animados de ahora y de siempre, pero en un momento dado los más pequeños descubren que hay vídeos de otros niños haciendo «cosas».

En este caso se repiten los mismos patrones que justifican el éxito de los vídeos para adolescentes y adultos. Al otro lado de la pantalla hay un congénere con el que se identifica —en este caso otro niño de su edad o similar—, que muestra algo que podría considerarse como un área de su interés —juguetes, manualidades…— y que lo cuenta de tal manera que resulta gracioso o entretenido.

Algunos tipos de vídeos seducen especialmente a los más pequeños, como son otros niños jugando con juguetes o unas manos con voz en *off* que cuentan historias con muñequitos. Sorprendentemente prefieren ver a veces a un inerte muñeco de plástico de una serie de dibujos de éxito y una voz atiplada, que la serie original con animaciones de primer nivel. Una vez más, y como ocurre con jóvenes y adultos, la frescura y la autenticidad se imponen a la técnica y al guion. La filosofía es exactamente la misma.

Todas las empresas de análisis y expertos coinciden en que hay una demanda de vídeos de niños por parte de otros niños. En principio parece un entretenimiento inocente para el que lo ve. El niño que protagoniza el vídeo jugando con unos juguetes en principio solo hace lo que le corresponde a su edad: jugar, aunque alguien lo esté grabando en vídeo. Al ver esos contenidos, los pequeños espectadores comienzan a imitarlos en su forma de proceder y tarde o temprano aspiran a salir en esa pantalla jugando, pintando o explicando cómo hacer unas manualidades.

Quizá intuyen que si hacen esos vídeos les van a llover juguetes nuevos, como les sucede a algunos niños estrella de YouTube, o tal vez se trata de un fenómeno de simple imitación como parte de un juego, como cuando simulan ser Spiderman. Adoptar el rol de un presentador de televisión es algo que han hecho las generaciones precedentes, a veces con una caja de cartón a modo de TV. Niñas y niños de hoy piden a sus padres que se les grabe un vídeo con el móvil mientras exponen su clase magistral de cómo tirar unos coches por una rampa u otro tipo de exhibición. Si los padres siguen considerándolo como un juego, podrían llegar a abrir un canal en YouTube, pero absolutamente restringido a familiares o amigos. Pero si llegan a dar el salto y a publicar contenidos en abierto y de forma continua, se empiezan a difuminar las fronteras entre juego inocente y un trabajo con posibilidades de remuneración.

3 *YouTube es la red social a la que se accede a más temprana edad. La razón es que es como llevar una televisión en el bolsillo, así que podemos poner dibujos a los niños para tenerlos entretenidos.*

Como ocurre con la televisión convencional, los especialistas recomiendan que los niños no la vean por lo menos hasta los 3 años, algo sencillo de conseguir en los primogénitos e imposible en los siguientes hermanos, que ven cómo los otros hijos ven los dibujos y se quedan embobados.

Si dejamos el móvil o la **tablet** *en manos del pequeño acabará saltando de un vídeo a otro y accederá a contenidos poco recomendados para su edad.*

Por ello, desde mediados de 2017, existe la versión YouTube Kids, que limita los contenidos a los apropiados para niños de hasta unos 9 o 10 años y en la que los padres pueden controlar lo que ven los menores y configurar la aplicación a su gusto.

Como ocurre con niños mayores y adolescentes, si los pequeños empiezan a seguir a niños **youtubers** *conviene conocerlos y comprobar qué tipo de contenido emiten en sus canales. Es posible que en algunos casos se invite a un consumismo desaforado o que se muestren juguetes que la familia no se puede permitir.*

Estrellas infantiles del universo YouTube, ¿explotados y frustrados?

A mediados del siglo XVIII, Leopold Mozart llevó de gira por Europa a su hijo Wolfgang Amadeus, que con 6 años asombraba a todo el mundo con un inusitado talento musical. Desde entonces, la figura del padre o madre del niño o niña prodigio con talento para la interpretación cinematográfica o musical, el baile o los deportes emerge allí donde hay un menor que destaca en algún campo donde exista la posibilidad de llegar a ser popular y rico.

En cualquier campo de fútbol infantil se puede observar al padre de la estrella del equipo implicado en la carrera del chaval y haciendo castillos en el aire. Lo mismo ocurre en los programas de televisión donde se descubren voces portentosas. La mayor parte de los niños con talento acaban siendo adultos normales, que se ganan la vida con trabajos normales. Y en los casos donde los padres logran cumplir el sueño —que a veces es más suyo, que de sus hijos— hay decenas de historias de juguetes rotos que acaban hartos de su talento, de su fama no buscada y de sus padres-*managers*. Si uno piensa un instante le vienen a la cabeza nombres de sobra. En el caso de los niños que triunfan o aspiran a triunfar en YouTube los progenitores desempeñan un papel fundamental y tienen una responsabilidad importante en las repercusiones psicológicas —e toda índole— que acarree en el niño esa actividad.

Como se explicaba en el capítulo anterior, los niños, ya desde edades a partir de 5 años, pueden llegar a descubrir el universo YouTube, sobre todo porque pueden ver a adultos visualizando esos contenidos o porque familiares un poco más mayores o compañeros de clase le abren los ojos a la existencia de este torrente de contenidos atractivos para todos, también para ellos.

Puede ocurrir que nuestro hijo o hija quiera tener un canal en la plataforma para grabarse jugando o explicando algo como hacen otros niños, pero para dar el salto hace falta la colaboración necesaria y el consentimiento de un adulto. Para empezar, en España hay que ser mayor de 16 años para abrir una cuenta de Google (y desde ahí, el canal en YouTube, pero independientemente de eso, un pequeño con 6 años, salvo que sea superdotado, no puede rellenar los campos necesarios con sus datos y crear el canal en un móvil, *tablet* u ordenador. Tampoco puede grabarse los vídeos, editarlos y subirlos. Así que detrás de ese niño o niña *youtuber* hay un padre que colabora en esa tarea no sabemos con qué fin.

Algunos padres de conocidos niños estrella de esta televisión de nuestros días alegan que fue una estrategia para vencer la extrema timidez del menor. Puede ser. El hecho es que podemos encontrarnos ante el escenario de que se trate de una actividad temporal, de la que el niño se canse, que los vídeos nos los vea casi nadie y que todo quede como una anécdota. En ese caso, los psicólogos creen que esa frustración por no alcanzar el éxito previsto no deja mucha huella en el menor. «Si estamos hablando de «menor» como aquel sujeto de entre 6 a 10/12 años, el potencial efecto es mínimo toda vez que aún no se encuentra en la adolescencia. Su pensamiento no llega a formular hipótesis acerca de su vida o dudas existenciales. En el caso de los adolescentes, que sí tienen la capacidad de formular hipótesis y vislumbrar hechos no tangibles o comprobables, es posible que la «no aceptación» de sus pares (chicos de similar edad) afecte a su desarrollo social y, con ello, su personalidad», explica el psicólogo Néstor Fernández.

Pero si se empieza a destacar un poco en este terreno, la situación puede volverse un poco más compleja. Para empezar, al igual que sucede con los mayores, incluso el vídeo más sencillo requiere de unas horas de trabajo en la planificación, la grabación y la edición. Dando por supuesto que del primer y tercer punto se encargan los adultos, el niño se enfrenta a dedicar tiempo de su ocio al canal, lo que se suma a las ya de por sí rutinas infantiles cargadas de deberes y actividades extraescolares.

En el caso de que se adquiera cierta notoriedad, las marcas pondrán la diana en el niño y puede comenzar a circular el flujo de regalos y dinero, que lógicamente administran los progenitores. Como ocurre con los deportistas de élite, si el niño o niña se convierte en una estrella de YouTube, la economía familiar se organiza en torno a su figura y hay padres que dejan su trabajo para dedicarse por completo a la carrera del menor; otros familiares se implican también en la producción o se introduce a los hermanos como personajes secundarios de los vídeos de cara a hacerlos populares y que luego tengan un canal propio y rentable. Es un esquema frecuente en las familias donde lo que comenzó como un entretenimiento para el chico o la chica pasa a ser un negocio en toda regla. También suele ser común en las entrevistas sobre la fama de su hijo que los padres afirmen sin pestañear frases exculpatorias para su conciencia y la opinión pública del tipo:

— «Ella o él se divierte haciéndolo y el día que lo quiera dejar porque ya no le haga feliz paramos y listo».

— «Lo primero son los deberes y el colegio y esto se graba en los ratos libres».

— «Le ha ayudado a vencer su extrema timidez y a relacionarse con los demás».

— «Hay días que no le apetece grabar un vídeo o nos dice que está cansada/o y no pasa nada».

Resulta difícil concebir que si una familia acaba dependiendo económicamente de los ingresos que generan los vídeos protagonizados por el menor vaya a cesar la actividad o a reducir el ritmo de emisión de vídeos así porque sí. Cada vez son más las voces que denuncian cierta explotación infantil detrás de los niños *youtubers*. La legislación española prohíbe la admisión al trabajo a los menores de 16 años, salvo en casos excepcionales relacionados con el mundo del espectáculo «siempre que no suponga peligro para su salud ni para su formación profesional y humana». Lo que ocurre es que emitir vídeos en YouTube no es un trabajo convencional, aunque genere ingresos. En muy poco tiempo asistiremos a casos donde se ponga en cuestión de forma fehaciente que un niño está más o menos siendo obligado por su entorno a protagonizar vídeos, y pasados unos años, cuando sean mayores de edad y como ha ocurrido con niños prodigio de la canción o el cine, saldrán a la luz casos de chicos y chicas que se habrán sentido utilizados por sus progenitores.

Alejandro Touriño, socio de Écija Abogados y unos de los mayores expertos en los aspectos jurídicos de la era digital, recuerda que «según la Organización Internacional del Trabajo, es todo trabajo que priva a los niños de su niñez, su potencial y su dignidad, y es perjudicial para su desarrollo físico y psicológico. Debe tratarse de un trabajo que resulte peligroso y perjudicial para el bienestar físico, mental o moral del niño y que interfiera con su escolarización puesto que les priva de la posibilidad de asistir a clases, les obliga a abandonar la escuela de forma prematura, o les exige combinar el estudio con un trabajo pesado que consume mucho tiempo. Nuevamente, entra en juego la patria potestad que tienen los padres sobre los hijos que otorga el deber y la responsabilidad de proteger la imagen de sus hijos menores de edad. En el momento en que una autoridad detecta que se cumplen los parámetros para que se considere «explotación infantil» y, por tanto, un padre o madre no actúa con la debida patria potestad, las autoridades podrían intervenir (en este caso, el Ministerio Fiscal)».

En cualquier caso, el eje sobre el que pivota el fenómeno de los niños *youtubers* es el beneficio económico. Por una parte las políticas de Google (y, por tanto, YouTube) establecen que la edad mínima obligatoria para recibir ingresos por esta actividad son 18 años. En caso de ser menor de edad, las políticas de Google recomiendan enlazar la cuenta de YouTube a la de un padre, madre o tutor legal para poder recibir dichos ingresos.

No obstante, ya se han visto casos de menores que han gestionado directamente sus ingresos, incluso de espaldas a sus progenitores. O bien se las han ingeniado para cobrar todo en especie (juguetes, tecnología, ropa…) o incluso alguno, demostrando una gran habilidad, ha conseguido que le pagasen mediante transferencias en una cuenta de PayPal que consiguió abrir como alternativa a la creación de una cuenta bancaria tradicional para las que se debe aportar demasiada documentación que evidenciarían que no es mayor de edad.

Una vez llegan las retribuciones que no son en especie —si llegan— son los padres los encargados de gestionarlas y tienen la obligación de hacerlo con diligencia. El artículo 165 del Código Civil establece que el menor se apropie de dichos bienes, aunque no tiene capacidad ni para administrarlos ni para gestionarlos, sino que dicha capacidad queda en manos de sus representantes legales, que son los que ostentan su patria potestad. No obstante, los representantes legales también tienen limitaciones en su capacidad de administración y gestión de los ingresos del menor, y deben administrar los bienes e ingresos del menor con la misma diligencia que los suyos propios.

Si los padres quieren disponer de esos ingresos, imaginemos, para pagar deudas, comprar un piso o vender algo deberían contar con autorización judicial. Si la administración negligente por parte de los padres pone en peligro el patrimonio del menor «cualquier pariente, el Ministerio Fiscal y/o el juez pueden nombrar otro administrador que lo asegure, pudiendo adoptar medidas cautelares», explica Touriño.

No obstante, «cuando el hijo alcance la mayoría de edad, a partir de ese momento dispone de un plazo de tres años de prescripción para exigir a sus representantes legales una rendición de cuentas».

Pero dejando a un lado los problemas legales, lo que está claro es que convertirse en una estrella de un canal *online* acarrea algunas consecuencias en el desarrollo del menor. El neuropsicólogo Álvaro Bilbao, autor del libro *El cerebro del niño explicado a los padres* es contundente: «Hay muchos niños que acaban con una infancia rota y con una vida adulta destrozada», asegura.

Por una parte, hay unas relaciones sociales y una percepción de la realidad alteradas por la fama del menor, al que llegan a parar por la calle porque es una celebridad en su colegio, por ejemplo. No hay que olvidar tampoco, como se insinuaba antes, los posibles bajones en el rendimiento académico debido al tiempo que se dedica a la grabación de los vídeos. Y luego cabe pensar también en las repercusiones en el desarrollo de una persona cuando recibe una cantidad desmesurada de regalos, como juguetes por parte de un buen número de marcas, o al ser consciente de que es una máquina de generar dinero que aumenta el tren de vida de toda la familia. También hay factores añadidos como la falta de autoestima o el exceso de ego, la presión por mantener el éxito, los seguidores de los vídeos y la exposición de la vida íntima.

Para Paula Pacheco, psicóloga, «el éxito en las redes sociales para un menor, puede ser algo negativo si los padres no le han dado ni le siguen dando una guía, valores y manera para canalizarlo positivamente. Sin embargo, los niños que sí pueden contar con este apoyo y que además cuentan con características de personalidad positivas (resiliencia, tolerancia a la frustración, madurez), ese éxito puede significar la mejor oportunidad que se les haya presentado. Piénselo, es como si nos pusiéramos a analizar a los actrices y acto-res de Hollywood que empezaron a muy temprana edad. Definitivamente hay muchos, incluso me atrevería a decir que la mayoría, que cayeron en drogas, prostitución y com-portamientos dañinos, pero hubo otro porcentaje de niños que pudieron sobrellevar la fama y todo lo que eso implica. ¿Por qué?, ¿qué fue distinto?, ¿rasgos de personalidad y guía de tutores? o ¿fue meramente suerte? No, yo creo que la dife-rencia la hace la guía que puedan tener sumado a caracterís-ticas positivas de personalidad».

 *Que un niño o niña quiera que se le grabe haciendo piruetas, manualidades o contando chistes a la cámara no es malo en sí mismo, más bien todo lo contrario. Es una buena forma de canalizar su potencial comunicativo. Pero, ¿por qué colgarlo en YouTube para que los vean personas desconocidas?*

Si por un momento le parece buena idea que su hijo tenga un canal propio valore las consecuencias para la intimidad y la propia imagen del menor, las repercusiones a largo plazo, la reacción del público y una larga lista de consideraciones que deben ser estudiadas y analizadas en el seno de la familia. No es un juego.

Pero si los padres persiguen un fin económico o buscan un éxito mediático precoz con el salto de sus talentosos hijos a la red de vídeos, en la mayor parte de los casos podrían estar utilizando al menor y en cierto modo obligándole a trabajar. Incluso si llega a conseguir ser una estrella de YouTube el cóctel de ingresos económicos, fama, ego y envidias no es algo que pueda manejar cualquier familia sin ayuda profesional.

¿Ver jugar a otros es más divertido que jugar uno mismo?

Muchos padres se preguntan cómo es posible que su hijo, que tiene una supervideoconsola con increíbles juegos, se pase la vida viendo vídeos de otros jóvenes que se graban mientras juegan a esos juegos y comentan la partida. ¿No sería más divertido jugar uno mismo? Sin embargo, los contenidos más exitosos de YouTube tienen que ver con la actividad de los llamados *gamers*. Estos jugadores acumulan millones de seguidores y sus partidas son más vistas en directo que muchos programas de la televisión generalista. En cierto modo representan una auténtica revolución en el mucho del entretenimiento.

Ante el furor que causan en los adolescentes y niños, cabe preguntarse si estos nuevos «amigos» son la mejor influencia para un preadolescente. Para empezar, los comentarios, conversaciones y expresiones que se escuchan durante las partidas están muy lejos de aportar ningún tipo de conocimiento productivo al menor. En el mejor de los casos se trata de bobadas sin sentido y en el peor insultos y expresiones soeces y ofensivas. Sin embargo, contemplar esas partidas en los videojuegos *online* de moda en el momento es un imán para los jóvenes y una conducta muy adictiva.

El padre o madre que se frustre al ver a sus hijos enganchados a las partidas de los *youtubers* más estridentes e histriónicos debería plantearse algunas cosas para comprender el escenario actual. ¿No debería ser más divertido jugar al fútbol que verlo en televisión? En teoría sí, pero los millones de personas que ven un partido entre grandes equipos no practican mucho deporte. Por otra parte, si usted vivió en la época donde en lugar de jugar en casa uno acudía a los llamados salones recreativos recordará cómo, agotadas las escasas monedas de veinticinco pesetas que uno llevaba en el bolsillo, las horas restantes en aquellos locales de máquinas arcade, futbolines y billares transcurrían... sí, mirando cómo jugaban otros y comentando cada movimiento, logro o enemigo abatido. Es decir, que una vez más se demuestra que las actitudes de los menores no son sino una actualización de lo que ya hacíamos hace dos o tres décadas. Y cuando llegaron las consolas domésticas, pero no había aún internet, los amigos reunidos en la casa comentaban en directo la evolución de la partida con expresiones y comentarios que no difieren mucho de lo que verbalizan los *youtubers* de videojuegos.

Lejos de la imagen de chico zafio que comenta banalidades, habría que valorar la maestría en su campo —los videojuegos— de los Rubius o Vegettas. En opinión del psicólogo adscrito al Colegio Oficial de Psicólogos de Cataluña, Alex Palau, «ver esas partidas en algunos casos puede tener el mismo interés que si Marc Márquez o Messi te comentan en directo un vídeo de su carrera de motociclismo o un partido de fútbol. Tras analizar las distintas situaciones, las decisiones que se han tomado y los resultados de las mismas, mucha gente consideraría poder ver estos contenidos una verdadera clase magistral de fútbol, motociclismo, tenis... Por otro lado, también existen decenas de programas de televisión que se dedican a comentar partidos, carreras... Imaginad que sea el propio protagonista de las mismas quien lo haga. No se acostumbra a seguir a "otro chico que juega al videojuego" sino a quien puede ofrecer otra visión, más técnica, más divertida…».

Para el psicólogo mexicano Néstor Fernández, «se trata de una forma de poder manifestar la perspectiva personal acerca de lo que sea —el juego en este caso—, ya que en esta fase de la adolescencia necesitamos ser escuchados y hacer patente nuestra opinión. Esta actividad es provechosa cuando el chico recibe realimentación (positiva o negativa) pues le ayuda a confrontar sus ideas acerca del tema y, con ello, es posible que vaya consolidándose su percepción acerca de lo que le rodea».

 *Los psicólogos no ven en el visionado de partidas ajenas ninguna conducta preocupante o aberrante. Ha pasado siempre cuando se jugaba en una casa y los chicos comentaban en alto la partida con todos los presentes.*

Es cierto que las expresiones y los comentarios de los gamers dejan mucho que desear y no es algo que contribuya a la buena educación del que lo escucha.

Por otra parte, el universo de los juegos está adquiriendo matiz de deporte con estadios llenos de miles de personas y partidas seguidas por una audiencia mayor a partidos de fútbol de primer nivel. Así que estos visionados no son sino entrenamientos o aprendizajes para aplicarlos en las partidas propias.

Sobreexponer a los menores

El ser humano es vago por naturaleza, así que intenta también economizar palabras y cuando una voz inglesa es más corta que su equivalente en nuestro idioma es más fácil que triunfe. Hay millones de ejemplos como *email*, en lugar de correo electrónico, o *thriller* para hablar de una película o novela de suspense. Después tenemos la marcada influencia del cine o del mundo empresarial cuando uno trabaja en multinacionales. También influye lo raro que suenan los equivalentes en español que dicta la Real Academia o la propia intención de ser más moderno que los demás. En ese cóctel ya hay muchísimos términos que se han asimilado, como *best seller, casting, prime time, trailer, backup...* Lo que sorprende es que algunos intenten emplear palabras que son tan largas como la correcta en castellano y encima complicadas de pronunciar. Una de ellas es el denominado *sharenting* que no es otra cosa que, según recuerda la Fundéu, un acrónimo de *to share* (compartir) y *parenting* (crianza), y aparece definido en el diccionario Collins como «la práctica de los padres de usar las redes sociales para comunicar abundante y detallada información sobre sus hijos». Por lo tanto, un equivalente válido de este anglicismo puede ser sobreexposición (o sobrexposición, con una sola e) de los hijos o filial.

Esa conducta, que muchos expertos tachan de irresponsable e incluso puede acarrear consecuencias legales dentro de unos años, es algo común a muchos padres con hijos nacidos en los últimos diez años. Por una parte, como se comentaba en otro capítulo, los hijos son la herramienta perfecta para que los *influencers* perpetúen su reinado en las redes sociales. En el caso de algunas *youtubers*, la maternidad les proporciona un sinfín de temas a abordar una vez que quemaron su etapa hablando de moda o maquillaje, donde además hay mucha más competencia. No obstante, los *influencers* que se saquen de la manga como personaje secundario de su espectáculo a sus propios hijos deben tener en cuenta que las autoridades podrían llegar a intervenir si consideran que el niño está siendo explotado o se están vulnerando sus derechos.

Pero no son pocos los ciudadanos anónimos que presumen de hijos en Instagram o, aún más, vía Facebook. Una imagen o vídeo de un bebé o niño de corta edad es una máquina de conseguir «me gusta». Obvio que todos los padres disfrutan mostrando fotos de sus hijos frente a los demás, pero seguro que conoces a alguien cuya obsesión por enseñar cada minuto de la vida de sus pequeños podría catalogarse como enfermiza.

Proteger la intimidad

Desde el punto de vista legal, esta actitud de los padres puede darles algún dolor de cabeza en el futuro. El abogado Alejandro Touriño asegura que «la Audiencia Provincial de Barcelona (Sección 18ª), en su Sentencia núm. 360/2017 de 25 abril, manifestó que «La patria potestad otorga a los padres el deber y la responsabilidad de proteger la imagen de sus hijos menores de edad y —según el Tribunal Supremo— será preciso el acuerdo de ambos progenitores para poder publicar imágenes del hijo en común en las redes sociales, pero los padres deben evitar en interés del menor una sobreexposición de su hijo en estos ámbitos». Por lo tanto, en caso de existir una sobreexposición, podría considerarse que los padres están incumpliendo su obligación de proteger al menor. En estos casos, es deber de cualquier miembro de la sociedad (persona o institución) comunicar esta desprotección o desamparo a las entidades competentes, tal y como indica la Ley Orgánica 1/1996, de 15 de enero, de Protección Jurídica del Menor».

«Por tanto —continúa—, los menores cuentan con distintas vías, tanto en orden penal como civil, siendo más habitual este último, para reclamar personalmente a sus padres en el supuesto de no estar de acuerdo con su comportamiento y de no haber conseguido que eliminen sus fotos de las redes sociales».

Por su parte, Paloma Zabalgo, abogada de familia, explica que «el derecho de los menores al honor, intimidad personal y familiar y a la propia imagen, goza de una protección especialmente reforzada en nuestro ordenamiento jurídico. Un menor necesita siempre el consentimiento de sus padres que son los que velan por su derecho al honor, intimidad personal y familiar y a la propia imagen. Incluso, y aún con el consentimiento de sus padres, la utilización de su imagen o su nombre si implicara un menoscabo en su honra y reputación, o sea contrario a sus intereses, podría ser considerado como una intromisión ilegítima. Por tanto, sí, pueden existir problemas legales, porque el Ministerio Fiscal puede actuar cuando considere que se produce un perjuicio para el menor, y aunque los padres hayan prestado su consentimiento».

Como *El show de Truman*

Psicólogos, pedagogos e incluso las Fuerzas y Cuerpos de Seguridad del Estado llevan tiempo advirtiendo de lo inconveniente que puede ser esa afición por contar la vida de un menor en imágenes o vídeo, como si se tratara de la conocida película de Jim Carrey, *El show de Truman*. Hay momentos familiares e íntimos que no parecen tener sentido fuera del entorno más cercano. Y algunas actitudes dan incluso vergüenza ajena.

Los padres y madres no piensan en ello cuando cuelgan una foto tierna, porque tienen la mirada limpia y empapada de amor, pero los niños pequeños en traje de baño o en determinadas poses son imágenes de las que se puede alimentar un depravado pederasta. No olvidemos que esas imágenes, además, al compartirlas, se las estamos cediendo a la red social, que las almacena y por tanto podrían ser robadas o pirateadas. Como se comenta en otro capítulo, tienen derecho a comerciar con ellas, aunque no lo harán porque quebraría su negocio.

Pero independientemente de los delincuentes sexuales, otro factor a tener en cuenta es qué dirá el menor cuando pase el tiempo y sea consciente de que sus padres han televisado su vida. Todavía es pronto para saber si la mayor parte de ellos recriminará a sus padres que hiciesen de su persona un espectáculo social o, por el contrario, lo verán como lo más normal del mundo.

Sin embargo, lo que está claro es que los padres que intenten disuadir a un adolescente de que publique fotos en las redes sociales tendrán un nulo crédito y autoridad si ellos no dan ejemplo de lo contrario. «Deben enseñarles que el respeto a su propia intimidad es fundamental. Pero eso pasa por que los padres no se empeñen en colgar todas las escenas de la vida familiar en Facebook o Instagram», explica la periodista Begoña del Pueyo

Sí, hay matices importantes, pero a sus ojos no serán un argumento válido, sonará al mítico: «Cuando seas padre comerás dos huevos». Pero es verdad que el adulto puede digerir mejor las críticas en los comentarios o se le presupone un mejor juicio. Sin embargo, no son pocos los que cometen errores de manual en su relación con las tecnologías. Por ejemplo, dan muchas pistas sobre si han dejado la casa deshabitada al irse de vacaciones, donde viven, si tienen o no mucho dinero o simplemente muestran actitudes que les pueden perjudicar en su vida laboral. La sobreexposición no es solo de los adultos hacia sus vástagos sino para con ellos mismos.

Resulta difícil convencer a un adolescente de que no publique fotos más o menos íntimas de sí mismo si sus propios padres han estado compartiendo en Facebook o Instagram fotos de los menores desde su nacimiento.

Si madres y padres son también proclives a colgar fotos de ellos mismos con frecuencia tampoco habrá argumentos para que los menores no hagan lo propio.

Desde pequeños conviene poner en valor los conceptos de intimidad y privacidad.

Tampoco deberíamos olvidar que cuando publicamos una imagen estamos cediendo los derechos de explotación a una gran corporación que está detrás de esa red social.

Con una simple captura de pantalla cualquiera puede tener una colección de fotos de nuestros hijos, a veces en traje de baño o casi desnudos, alimentando los perversos deseos de un delincuente sexual, por ejemplo.

Los niños en el parque «virtual»

A veces, la mejor manera de comprender una situación que nos resulta muy ajena es hacer una analogía con algo con lo que sí estemos familiarizados.

El psicólogo Luis García Villameriel compara las redes sociales con un parque, a la hora de explicar la inseguridad y los miedos que experimentan los padres cuando ven a sus hijos adentrarse en un mundo sombrío y oscuro, en la medida que los adultos no lo miran bajo la luz del conocimiento.

«Somos una generación que no hemos crecido en este entorno. Siempre expongo el mismo paralelismo: la misma preocupación que tenemos ahora porque nuestros hijos estén en redes sociales, es la misma que tenían nuestras madres y padres cuando nos íbamos al parque y no sabían dónde estábamos. Es la misma preocupación: mi hijo se ha ido a un sitio que desconozco y no tengo controlado. La única diferencia es que antes sí que había ciertos límites (llegar a una hora determinada, por ejemplo), pero ahora los padres se sienten frustrados porque no saben qué herramientas tomar para poner esos límites», explica García Villameriel.

A nivel de las amistades digitales, también podemos recurrir a la situación de ese parque del barrio donde se juntaban los chicos en otros tiempos.

Aunque el niño parece que tenga muchos seguidores y amigos en una red social, «al igual que en la calle, hay que distinguir entre "amigos, amiguetes y amigotes". Un chico con 13 años tiene muchas dificultades para reconocer la calidad de la amistad tanto en el mundo virtual como en el real».

Siguiendo con el tema del parque, en el mundo real había un momento en que los chicos y chicas querían bajar solos al parque a estar en un banco con los amigos. Era un paso natural en su desarrollo. Antes de eso había unos años donde el niño podía estar más a su aire en el parque, aunque no estuviera solo. «Con 10 años dejábamos a un niño solo en el parque, pero con determinada vigilancia, pues tendría que ser igual en redes sociales».

«Uno de los problemas a trabajar es la educación en este sentido. Los adultos tenemos que aprender de qué va este entorno y aprender las herramientas que tenemos a nuestro alcance para proteger a nuestros menores. Por ejemplo, hay infinidad de herramientas informativas que controlan el acceso a páginas de contenidos, incluso controlan determinados tipos de comentarios, por ejemplo, si encuentran algún comentario de tipo sexual te alertan».

«Un padre está legitimado para leer lo que escriben sus hijos y deben saber que existen estas herramientas. Los padres lo entienden perfectamente cuando les haces la analogía de sus hijos en el parque. En este caso, sí es cierto que los indicadores que hay sobre riesgos en redes sociales son más difíciles de ver en un adulto que no está acostumbrado, ya que muchos no tienen perfiles activos en redes sociales. No tienen esta cultura y, por lo tanto, desconocen el entorno».

«Aquí es donde profesionales, asociaciones de padres, de vecinos, hacen esta labor divulgativa y formativa con los padres sobre los riesgos, en qué consisten las redes sociales y también cuáles son sus ventajas y bondades, que también las tienen. Y lo más importante, las redes sociales están ahí: porque tú quieras decir "mi hijo no va a usarlas", no van a desaparecer y vas a hacer que tu hijo sea un inadaptado, porque no va a saber moverse en el vehículo fundamental de la comunicación de este siglo. Por tener miedo no puedes retirar a tu hijo del mundo», concluye el psicólogo.

En definitiva, no puedes prohibirle que vaya al «parque» con sus amigos.

El karaoke más adictivo
desde los 9 años

Aunque YouTube sí les atrapa, las redes sociales «clásicas» como Facebook o Twitter, incluso Instagram en menor medida, les parecen a los más pequeños como algo «de mayores» que no les seduce de forma especial. Pero estaba claro que encontrarían su espacio con una red social más adaptada al entretenimiento puro y duro, sin politiqueos, reflexiones sesudas o problemas del mundo, ni tampoco adultos publicando fotos de sus vacaciones. En este sentido el perfil de las redes que dan en la diana de la mentalidad de un chico o chica de entre 10 y 16 años tienen un buen ejemplo a seguir en Musical.ly.

Si tienen un hijo o hija en la franja de edad mencionada y nunca han oído hablar de esa aplicación puede ser un ejemplo de esa desconexión tecnológica entre padres e hijos que hay que subsanar. Son los progenitores los que deben «estudiar» un poco gracias a este manual para poder interactuar con los que más quieren.

Básicamente podríamos definir Musical.ly como una red social de vídeo en la que se pueden crear, compartir y descubrir vídeos breves. Los vídeos solo duran quince segundos y el contenido suele ser alguien haciendo un poco el tonto con música de fondo gracias a los efectos y trucos visuales que permiten que el adolescente baile mientras canta en *playback* una canción muy popular. Ejecutan las coreografías del vídeo original y se sienten estrellas por un momento. Enseguida han surgido menores que dominan este «arte» y millones de seguidores se deleitan con sus bailes. De nuevo las empresas han puesto en la diana comercial a estos *influencers* adolescentes como la vía más directa para mostrar sus productos a potenciales compradores, unos consumidores para los que los medios de comunicación convencionales son un arcaísmo.

Musical.ly engancha verdaderamente a los más jóvenes ya desde mucho antes de la edad oficial establecida para los usuarios, que es de 13 años. Así que el primer problema que puede surgir de esta forma de entretenimiento es el tiempo que el menor dedica a ella. Pero el segundo dolor de cabeza para padres tiene que ver con la «actuación» —el vídeo que se graban o emite en directo— y con quién puede estar viendo eso.

Coreografías sensuales

Como se ha comentado, chicos y chicas, especialmente ellas, se graban interpretando sus canciones favoritas, normalmente con la coreografía y movimientos que hace el cantante original, a lo que se suman unos efectos de vídeo alucinantes. Así, niñas de 12 años están ejecutando desde su inocencia bailes repletos de sensualidad que harían las delicias de cualquier pervertido. Movimientos de cadera tan propios del *reggaetón*, acariciándose el culo o los pechos, algo que provoca la náusea en un adulto, aunque haga las delicias de gente de su misma edad con las hormonas disparadas. Una vez más, lo que podría ser una actuación musical divertida en el seno de la familia o incluso compartirse con allegados en un chat de WhatsApp, de repente está a disposición de millones de desconocidos de todo el mundo.

Desde muy pequeños, los niños disfrutan cuando se les graba en todo tipo de actitudes, jugando, haciendo el payaso, cuando corren una carrera o disfrazados. El problema —una vez más— es que ellos no van a ser conscientes de los riesgos de hacer públicos esos vídeos en una red social.

Resulta curioso que este tipo de redes sociales estén de alguna manera curándose en salud y hagan esfuerzos por fomentar un uso responsable. En el caso de Musical.ly, esto —al menos hasta la fecha de publicación de este libro— se limita a la versión estadounidense, pero es algo que se acabará extendiendo. Desde luego hace falta voluntad de los mayores, pero si se meten en la web encontrarán un apartado con mensajes importantes para ellos que les dejan los creadores de la *app*.

La tendencia habitual que nos une a ignorar todo tipo de advertencias y términos legales no debe hacernos despreciar el apartado parenteral de la web de la que se descarga la aplicación para el móvil, ya que dice algunas cosas que ayudarán mucho a los padres de hijos «musicalys».

Además de muchos recursos externos, informes y webs de toda índole, lo que recoge el apartado *For Parents* (Para padres) es una especie de guía de instrucciones para comprender lo que ve nuestra hija o hijo en la *app* y cómo proceder ante comportamientos que nos puedan parecer inadecuados. Reconocen que desde la *app* animan lógicamente a los usuarios a subir vídeos donde den rienda suelta a su creatividad y los compartan con otras personas. En eso se basa el negocio y si cuelgan tantos recursos de utilidad y consejos seguramente es por indicación de un ejército de abogados parar tener defensa ante futuras demandas.

Sin embargo, los padres tienen que asumir su responsabilidad en el uso de todas las redes sociales y no vivir en la reinante inopia hasta que se sorprenden y escandalizan ante los comportamientos digitales de los niños. Desde Musical.ly recuerdan a los padres que no deben dejar usar la *app* a menores de 13 años, pues no está indicada para menores de esa edad, y que si su hijo o hija se ha registrado y no tiene esa edad que les manden un mail a una dirección y se cerrará la cuenta.

También les invitan a controlar en general las aplicaciones que descargan y a utilizar los controles parenterales de las principales plataformas (Apple y Google/Android) así como a denunciar cualquier contenido inapropiado que pudieran detectar y cómo hacerlo. Aunque los padres no sean nativos digitales, no pueden ignorar que en esa vida digital, incluso aunque los niños se encuentren en casa con el móvil, pueden estar tomando más riesgos que cuando salen a la calle y pueden acabar consumiendo alcohol o juntándose con gente indeseable. Desatender y no implicarse en lo que el menor ve o publica con su móvil, *tablet* u ordenador puede ser un comportamiento muy negligente.

 *Musical.ly no debería ser utilizado por menores de 13 años, pero es fácil burlar los controles de edad y la aplicación hace furor en niños y niñas más pequeños.*

La red social permite dar rienda suelta a la creatividad, divertirse y descubrir talento potencial. Sin embargo, no es lo mismo que se restrinja al círculo de amigos a que esté abierto a desconocidos.

Cuando una niña de 12 años, por ejemplo, reproduce e imita el baile de una estrella del pop o del amado/ odiado reggaeton es un comportamiento inocente. Sin embargo, muchas de esas coreografías incluyen movimientos provocativos que personas sin escrúpulos capturan para montar vídeos «HOT» que circulan por ahí. Repugnante pero real.

Los retos absurdos
y peligrosos

Casi todo el mundo ha escuchado la famosa frase de madre: «¿Y si tus amigos se tiran desde un puente, tú te tiras también?» como contestación al también clásico: «Es que van todos mis amigos». La adolescencia es la edad propicia para hacer las mayores estupideces de las que es capaz el ser humano. A esas edades impera la influencia de los amigos y las increpaciones del tipo: «¿Es que te da miedo?», «¿a que no te atreves?» o, en el caso de los chicos, que además son los más imprudentes y descerebrados en esa etapa de su vida, la forma de reto por excelencia: «¿A que no hay huevos para...?».

Las malas ideas y seguir a la mayoría han llevado a muchos jóvenes a cometer actos temerarios de todo tipo, desde beber más que nadie a colarse en una obra, casa en ruinas o cualquier otro lugar donde poner en peligro la integridad física. Pero una vez más, las redes sociales amplifican y difunden al mundo las mayores imprudencias e insensateces posibles y, lo que antes quedaba confinado a una pandilla en una tarde de verano, se convierte en un fenómeno global que se expande como una mancha de petróleo en el mar.

Los llamados retos virales (*challenge*, en inglés) son desafíos que se ponen de moda y precisamente desafían toda lógica.

Sin embargo, la gente los lleva a cabo poniendo en peligro su vida con el fin de ganar más visualizaciones y seguidores en las redes sociales. Resulta difícil comprender qué mueve a las personas a tan borreguil comportamiento, peor que eso, porque los animales, ni siquiera los más dóciles, se autolesionan para impresionar a sus semejantes. Es un comportamiento contranatura.

Es cierto que uno de los retos virales más conocidos, el tirarse un cubo de agua helada por la cabeza, tenía un fin loable y solidario y además el daño no era más que una desagradable sensación, o ni siquiera eso, ya que en el caluroso verano en el que más de moda estuvo casi se agradecía refrescarse un poco.

Pero los desafíos que se pueden ver en YouTube, Instagram o Facebook que se tornan virales y que se lanzan a imitar los jóvenes sin pensar por un momento en las consecuencias, no deben ser tomados a broma. En los últimos años ha habido insensateces para todos los gustos. Recopilemos algunas de estas «ideas de bombero» mientras temblamos pensando en las que están por venir y que nuestros hijos, en casa de un amigo o en nuestra propia casa, pueden decidirse a experimentar por insana curiosidad.

1. Comer canela: Esta especia obviamente no es tóxica en sí misma, pero cuando introducimos una cucharada en la boca con el fin de grabar la desagradable reacción y las muecas que hará el insensato protagonista del vídeo se formará una pasta que puede conducir a la asfixia. En la misma línea, otra moda fue la de ingerir varias galletitas saladas de una vez, algo que también puede taponar las vías respiratorias.

2. Atados con cinta americana: Los amigos atan o envuelven gran parte de su cuerpo a modo de momia con cinta americana o de embalaje y la persona aprisionada debe liberarse de sus ataduras. A veces incluso el individuo es suspendido en el aire cuando se le ata a una columna o una farola. Los problemas dermatológicos por

tratarse de cintas muy adhesivas y los propios de la circulación de la sangre están servidos.

3. La sal y el hielo: No pocos problemas dermatológicos ha causado la moda de poner un poco de sal en cualquier parte del cuerpo para después aplicar un cubito de hielo. Hay que aguantar el mayor tiempo posible el calor extremo que se sentirá en la zona. La reacción abrasiva causa quemaduras y lesiones en la piel.

4. Plátanos y refrescos: De nuevo algo relacionado con la «nutrición». Una persona se come dos plátanos casi sin respirar y después un refresco con muchas burbujas. El resultado, un repugnante vómito. Qué gran aportación a la humanidad.

5. Cáscara de plátano: ¿Quién no recuerda las graciosas caídas de los personajes de cómics o dibujos animados cuando pisaban una cáscara de plátano que había en el suelo? La grabación en vídeo de espectaculares golpetazos al pisar —aposta— la piel de la fruta ha provocado traumatismos y severas lesiones medulares.

6. Comer un cactus: Otro de los sinsentidos que hace dudar de la evolución humana. Cogemos una planta pinchuda y nos la comemos como si fuera un pepino. Sin palabras.

7. Abrasar y cortar objetos: Otro reto, que encima implica un gasto de dinero solo por un puñado de visualizaciones, son los vídeos en los que por ejemplo se pone al rojo vivo un cuchillo y con su hoja incandescente empezamos a cortar objetos tales como un juguete, una lata o un teléfono. Quien juega con fuego…

8. Triturar o aplastar: Es verdad que eso de destrozar cosas a veces se ha usado como terapia antiestrés y cuando se ve a cámara superlenta resulta espectacular observar cómo un objeto revienta en mil pedazos o se deforma. Esta temática de vídeos consiste en introducir en una trituradora un juguete o distintos materiales o en una prensa hidráulica para que queden aplastados.

Implican un poco menos de riesgo que los anteriores retos virales, pero no por eso tiene mucho sentido.

9. Los labios de Kylie Jenner: La menor del clan Kardashian es una *celebrity* en la vida real y en las redes sociales. Su rostro destaca por sus gruesos labios y es lo que pretende conseguir un importante número de seguidores —por la vía rápida— para hacerse una foto o vídeo. Lo que hacen es introducir la boca en una vaso o recipiente y absorber el aire hasta hacer vacío y conseguir unos espectaculares labios hinchados. Sin embargo, esta deformación de la boca se produce por la rotura de los capilares sanguíneos que llegan hasta los labios.

10. *Condom challenge*: La verdad es que visto a cámara lenta resulta bastante espectacular, pero el peligro de este juego es más que evidente. Se coge un preservativo y se llena de agua para después soltarlo sobre la cabeza de otra persona. Cuando funciona, el condón se cierra sobre el cráneo y aplasta las facciones del protagonista del vídeo y queda muy gracioso, pero ese «globo» con agua impide respirar al individuo hasta que lo revienta o se lo quita de alguna forma.

Ayudarle a buscar un futuro profesional en las redes

Los niños y niñas pueden quedar rápidamente cautivados con la vida de diversión, *glamour* y dinero que parecen llevar sus ídolos de las redes sociales. Quien más quien menos soñará con seguir sus pasos, igual que todos hemos pensado en cómo sería ganar la Copa del Mundo de fútbol o tocar con un grupo en un estadio ante 100.000 personas. En un momento dado, la mayor parte de las personas comprenden que esos anhelos infantiles se han visto reemplazados por objetivos más realistas como tener un buen puesto de trabajo en un campo de nuestro interés, encontrar una pareja, formar una familia, estar libre de enfermedades graves y poder darse un capricho de vez en cuando.

Si las publicaciones y contenidos en redes sociales, a pesar de su esfuerzo, las ven cuarenta amigos quizá pronto comprenda que no va a ser el próximo Rubius. Pero si comienza a tener cierto éxito, aunque sea a nivel *amateur,* puede que sí se le pase por la cabeza alcanzar objetivos más ambiciosos. Si alguien juega en el Real Madrid Juvenil puede pensar que podría llegar a la élite o si un grupo musical llena una sala de 2.000 personas tienen posibilidades de dar un salto a la fama. Entonces puede darse el caso de un hijo o hija que piense seriamente, tras un éxito inicial o ciertas perspectivas de futuro, que podría vivir de su influencia como hacen otros: «¡Qué pérdida de tiempo es ir el instituto o la Universidad si se pueden conseguir grandes ingresos desde ya antes de que otros copen el mercado!». Ese razonamiento puede rondar la cabeza de muchos jóvenes o plantearles abiertamente a sus padres que desean labrarse un futuro haciéndose fotitos o frente a una cámara de vídeo. ¿Cómo actuar entonces?

La insensatez de apostar por un camino tan incierto es evidente, pero será un éxito si se puede conseguir que el joven intente lograr sus metas sin hipotecar su vida. Para empezar, resulta nefasto que *influencers* de renombre presuman de que no estudiar, dejar la carrera o el instituto y ponerse a hacer contenidos fue la mejor decisión de si vida. Es como empujar a un abismo de frustración y fracaso a muchos de sus seguidores. En los eventos que organiza Oscar Cumí, experto en *marketing* de *influencers*, suelen acudir muchos padres a los que les recuerdan que «sus hijos tienen que seguir estudiando, algo que les guste y les apasione independientemente de que pueden ir creando una marca personal a través de las redes sociales, pero siempre que sea algo complementario y que les sirva para tener mayor impacto; pero tienen que tener una base que les apasione, una profesión de siempre. Ser *influencer* puede ser un añadido o un complemento. El ser *influencer* como profesión para mí no existe, tú tienes que ser muy bueno en algo, te tiene que apasionar y luego tiene que haber algo en el mercado que te pague por ello. Si luego añades que tienes audiencia para hacer llegar todo lo que sabes y haces pues te da un valor añadido a tu marca personal».

Sin cortarle las alas a sus sueños

Eso no quiere decir que haya que abofetear los sueños, como «esos padres que desde antes que sus hijos nacieran decidieron que iban a ser abogados como ellos; o esos padres que ya en la adolescencia decidieron que querían ser futbolistas y los padres les cortaron las alas y los mandaron a elegir una carrera. ¿A qué están apostando estos padres? ¿A la felicidad de sus hijos, a reparar heridas narcisistas de su propia infancia o a mandarlos por el camino «más seguro» para que sean alguien aunque no sean quienes quieren ser? Muchos de los problemas de insatisfacción (no todos) en nuestra sociedad tienen que ver con esto, con que no logramos descubrir qué queremos ser, cómo querer contribuir, para qué somos buenos, y entonces vemos miles de personas hartas de su trabajo, adolescentes abandonando sus carreras, gente que estudió una carrera para satisfacer a los padres y acaban dedicándose a otra cosa totalmente distinta», añade la psicóloga Paula Pacheco.

Así, un no tajante y pinchar la burbuja de sus sueños no es el camino adecuado. El psicólogo Alex Palau sugiere que ya desde que comprobamos que nuestro hijo o hija pasa mucho tiempo visionando vídeos o admirando el trabajo de otros en el campo de la fotografía «debemos acercarnos a ellos y preguntarles los motivos de su interés, si simplemente lo visiona por entretenimiento o si le gustaría dedicarse a algo así». Si tiene su canal en YouTube o se toma muy en serio el tema de las fotos debemos interesarnos más y «preguntarle por ejemplo por aspectos técnicos, de imagen, de sonido, de edición... quizás nuestro hijo podría combinar su afición con su trabajo estudiando audiovisuales, multimedia, telecomunicación... formaciones que podrían aportar mucha calidad a sus producciones, sea en internet o no».

Siempre existe en este punto la oportunidad de estrechar lazos entre padres e hijos y poder acercarse a ese mundo de las redes desconocido y desconcertante para tantos adultos. Para la periodista Begoña del Pueyo, experta en comunicación y adicciones, «quizás si recurriéramos a ellos en busca de ayuda cuando tenemos un problema para configurar una *app* o para emplear otras posibilidades que nos brinda la red, sería más fácil descubrir qué uso hacen ellos mismos de estos dispositivos. Y de paso les hacemos sentirse útiles al habernos ayudado. Se les refuerza mucho mejor haciéndoles sentir que ellos también nos pueden aportar a nosotros los adultos».

Además, aunque parezcan unos maestros en Instagram o YouTube, a veces muestran unas sorprendentes carencias en tareas que parecen muy relacionadas. «Partimos de la base de que los adolescentes son nativos digitales, pero algunos expertos ya nos hablan de «huérfanos digitales». Chicos y chicas que saben manejarse con las redes sociales, pero no saben adjuntar un documento o hacer una búsqueda de documentos que no sean *fakes*. Si los padres comparten alguna vez ese espacio, con la excusa o la necesidad real de que les ayuden, será más fácil descubrir qué deficiencias tienen en el uso de las redes», añade Del Pueyo.

Cuatro reglas

Lo que está claro es que no tiene sentido ninguna conversación sobre un futuro laboral de los hijos basado en las redes sociales o el *marketing* de *influencer* si los padres no se informan con fuentes fidedignas para poder opinar con propiedad acerca de la conveniencia social y económica, o no, de ejercer estos roles u otros que aprovechan las tecnologías de la información y la comunicación. Es el primer punto para afrontar esta conversación que establece Néstor Fernández.

La segunda regla es que «no deberá establecerse discusión imponiendo el punto de vista del adulto. Más bien debe promoverse el diálogo, permitiendo la expresión de opinión por ambas partes. Para ello, los padres —insisto— necesitan informarse antes».

Tercera, «orientarle acerca de la preparación que se requiere para poder ser exitoso en lo que a uno le gusta. La mayoría de los *influencers* son adultos que, de una u otra forma, se han preparado para ser exitosos».

Como cuarto paso «es preciso conciliar con el chico o chica para que invierta tiempo y dedicación en la búsqueda del logro de sus ideales (de cualquier índole) paralelamente al hecho de cubrir las expectativas que establece la educación formal (la escuela), ya que la combinación de ambas cosas le proporcionará mayores elementos para responder a la vida competitiva que hay en el mercado laboral».

Proyecto vital

La orientación laboral no es algo que deba abordarse de un día para otro, sino que es un proceso que dura años. «Dentro de la educación en valores y el proyecto vital, que debería ser algo que se va hablando durante todo el desarrollo del menor, tendría que tener claro que no es conveniente «poner todos los huevos en la misma cesta» y, por tanto, no tener una única opción laboral por los riesgos que le puede comportar», concluye el psicólogo catalán Álex Palau.

El psicólogo Luis García Villameriel, por su parte, considera que hay que dejar que el joven persiga sus sueños y que en el proceso él o ella se darán cuenta de si de verdad quieren dedicarse a eso. «Lo mejor es educarles para que, si su objetivo es llegar a ser *instagramer* o *youtuber*, lo logren, pero de forma complementaria con otra cosa. Para ellos es muy positivo establecer objetivos, esforzarse para lograrlos. Y, además, en el proceso, ellos mismos se irán dando cuenta de si eso es lo que les gustaba, si una vez logrado no era lo que ellos esperaban o, si no lo logran, si le dan mucha importancia o no. Es positivo y educativo que lo tomen como un complemento. Además, debemos comprender que las redes son un medio más y todos los medios ayudan a que los chicos se desarrollen con más competencias. Cuantas más opciones tengan los chicos, mejor. Lo más importante es que jamás debemos olvidar que va a ser el medio en el que los niños se van a desarrollar en un futuro. No existe ocupación humana de aquí a treinta años que no pase por internet y por la comunicación en redes. Entonces es absurdo el tener que poner puertas al campo. El niño tiene que desarrollarse en ese medio y es una opción más que les da la vida y que nosotros no tuvimos».

Un cambio sustancial que ofrecen las redes sociales es que permiten exhibir el talento y buscar oportunidades, incluso si hay un potencial Ronaldo en el rincón más perdido de África es posible que subiendo un vídeo a YouTube se acaben plantando en su aldea los representantes de los equipos más potentes de Europa. O si nuestro hijo tiene talento para la música o la moda es él mismo quien puede darlo a conocer al mundo. De ahí que, sin una aspiración de convertirse en un creador de contenidos, las redes sociales les regalen a las personas más posibilidades de convertir sus sueños en realidad. El experto en redes sociales Amel Fernández lo resume así: «Estamos en un momento fantástico de democratización del talento. Las redes sociales nos facilitan un altavoz que antes no teníamos. Antes tenías que esperar que la industria (musical, de moda, modelaje o cualquier sector) te aceptara y creyera en ti para tener una mínima oportunidad. Ahora la oportunidad la inventas cada día».

Muchos empleos del futuro —y del presente— están muy relacionados con las redes sociales, el vídeo, la comunicación digital en todas sus formas, etc. Así que tener habilidades en este terreno es siempre positivo.

Pero no es un buen enfoque que el joven piense que un relativo éxito en redes sociales justifica dejar de estudiar y no esforzarse en su formación. Los **influencers,** *la mayoría, tienen una formación y un terreno laboral en el que se mueven; luego trasladan esos conocimientos y experiencia a las redes sociales.*

Una vez más, los adolescentes no deben hacerse castillos en el aire y pensar que por publicar unos vídeos en YouTube les va a llover el dinero. Vivir de las redes sociales es tan complicado como ser deportista de élite.

Profesores *online* y *offline*

En el entorno escolar también es posible detectar la influencia que determinados personajes ejercen sobre los niños y niñas. Los menores hablan sobre ellos, se pasan vídeos o los visualizan juntos. Mucho se ha hablado en los medios de comunicación sobre los chats de WhatsApp donde se ejerce un acoso hacia un alumno que puede llegar a tener dramáticas consecuencias. Lo mismo ocurre si alguien graba imágenes íntimas de un compañero o las difunde, o en situaciones humillantes para cualquier persona, como cuando se cae haciendo gimnasia o le hacen una broma pesada, etc. Los centros educativos y los maestros ya están afrontando esas situaciones e intentando cortar de raíz una actitud digital contra los semejantes que ya se ha cobrado varias vidas.

Pero al igual que se está atento a ese acoso virtual, no conviene dejar de lado lo que ocurre en las redes sociales. Para empezar, mientras que en casa el adolescente pasa horas solo o encerrado en su cuarto, donde puede visualizar con impunidad contenidos poco o nada apropiados, en el ámbito escolar no son tan privadas las conversaciones sobre los retos peligrosos o los vídeos más comentados de las estrellas de YouTube. Al igual que los padres, los profesores deben saber lo que influencia a las personas que están a su cargo.

Ignorar lo que ocurre en ese universo de redes que domina sus vidas solo puede conducir a aumentar la brecha digital entre profesor y alumno. Solo por una cuestión de edad ya hay ciertos muros que impiden al profesor comprender la lógica social de sus alumnos, pero si está absolutamente fuera de ese mundo, va a resultar frustrante para él o ella no poder ni siquiera intuir de qué hablan los estudiantes.

Más allá de su capacidad para transmitir conocimientos, un buen profesor debe contar con formación en otros campos como educación sexual, adicciones y también tecnología. Si no, ¿cómo detectar un posible caso de ciberacoso? Hay que controlar mínimamente el entorno digital en el que se mueven los jóvenes, pero es algo que va en su propio interés. Tal y como explica Oscar Cumí, «los educadores están desbordados y reconocen que no saben cómo abordar estos casos. Por ejemplo, si le preguntan a un profesor quién es Paula Gonu y no lo sabe, pierde credibilidad y autoridad ante el alumnado, aunque sea un profesor de ciencia ya para ellos pierde la credibilidad e incluso el respeto».

En opinión de Pablo Poo, profesor de Lengua y Literatura y autor de libros como *La mala educación* o *Espabila chaval*, tercero en la clasificación de «Mejor docente de España», «respeto no se pierde, pero sí cercanía. Digamos que ellos ya tienen una idea predefinida de que eres un carca que pasa a confirmarse si no conoces a sus referentes. Acentúa la brecha entre ambos».

Otra notable excepción a los maestros ajenos a la tecnología y las redes es David Calle, ingeniero de telecomunicaciones y profesor en su propia academia y en su canal de YouTube, donde enseña matemáticas y ciencias con un éxito abrumador. Además de publicar libros, en el campo de la docencia en las redes es un auténtico *influencer*, ha sido nominado al premio de mejor profesor del mundo y figura entre las 100 personas más creativas del planeta, según la revista *Forbes*. Calle asegura que los adolescentes «están todo el día pendientes de lo que hacen los *influencers*, del salseo, y creen que el mundo es como lo pintan, creen que la vida real es como la ven en los vídeos y las fotos. Son su referente y poco podemos hacer los profesores y los padres. Como padre debo intentar estar pendiente de a quién siguen, porque hay verdaderos malos ejemplos, pero deben tener la libertad de seguir a quien quieran, aunque se confundan, porque hay *influencers* tan populares entre ellos que todos los siguen, aunque sea solo por socializar; se quedarían sin tema de conversación con sus amigos si no comentan si han visto la última foto de Dulceida, etc.».

Sin educación en redes sociales

Para Rosa Liarte, licenciada en Historia y profesora de esta materia en Institutos de Secundaria, «el principal problema que existe entre jóvenes y redes sociales es que no se educan. Por ejemplo, en clase, si prohíbes el teléfono móvil al entrar en clase lo que estamos consiguiendo es quitar un problema, pero no educarlos. El alumnado no sabe utilizarlas ni hacer un uso adecuado de ellas y eso es lo que necesitan aprender. Es imprescindible que utilicen las redes sociales adecuadas a su edad y, por otro lado, que sepan cuál es el uso correcto que tienen que hacer de ellas».

Se pueden utilizar con un fin pedagógico, sin duda alguna. «Yo tengo un blog que se llama Leccionesdehistoria.com y en él hay un post que se titula «Usando Twitter e Instagram para aprender historia». Enseñamos cómo utilizar Instagram, es decir, en qué situaciones y momentos y cómo manejarlo; también Twitter, que es una red social que dentro de los adolescentes está en decadencia, ya que, al ser una red social con límite de caracteres, no les suele gustar. Sin embargo, nosotros defendemos su uso porque consideramos que es una red social que les puede enseñar bastante. A ellos no les suele gustar porque les hace pensar, pero eso es bueno porque les ayuda a sintetizar, no como Instagram, en donde ellos pueden poner todo lo que quieran sin límite de espacio», añade Liarte.

El profesor puede darle la vuelta a la situación y emplear los referentes actuales de los chicos y chicas como parte de su estrategia docente, tanto para usarlos como ejemplo, si procede, como para simplemente empatizar con su público. Por ejemplo, a la hora del análisis sintáctico o semántico de las frases se podrían escoger ejemplos reales de oraciones que han salido de la boca de algún *youtuber*. Los menores pueden ser más conscientes de las mamarrachadas, el sinsentido de los retos absurdos y las descalificaciones o actitudes antisociales de algunos *youtubers* a los que imitan si son comentadas en clase por ellos mismos y ven el vídeo junto al profesor. Así podrán reflexionar en voz alta sobre si eso que les hace tanta gracia, como abofetear transeúntes o dar galletas con dentífrico a un mendigo, es algo digno de alabanza y provoca tanta risa.

Como profesor de Lengua, Poo ha aplicado con éxito a su asignatura el ejercicio de tomar ejemplos de lo que dicen los referentes de sus alumnos. «En clase de Lengua hemos analizado alguna vez sus gazapos al hablar, para que vean que no son perfectos. También sus estrategias de comunicación. Son clases con un nivel de participación mayor».

«En inglés también hay muchas posibilidades, porque tienen a su disposición canales de YouTube muy atractivos y no los ven porque no saben inglés. Es una forma increíble de aprender el idioma. En Matemáticas poquitos ejemplos puedo poner —comenta Calle— pero a veces lo hago. Si un *influencer* sube algún vídeo que tiene que ver con física lo podemos comentar. Me acuerdo de una entrevista que hizo El Rubius a Jennifer Lawrence, la actriz de *Los Juegos del Hambre*, como parte de la promoción de una película que se desarrollaba en el espacio. Hacía ejercicios con una cuerda y una pelota y hablaba de la fuerza centrífuga. El caso es que la actriz le dio al Rubius una clase magistral de física, se la puse a los alumnos y la comentamos».

No es preciso que los docentes tengan que dedicar horas y horas a ver los mismos vídeos que cautivan a los menores, sino simplemente basta con que estén un poco pendientes de quiénes son los *influencers* de moda, los vídeos más vistos, los retos del momento, etc. Y para eso basta con navegar un poco por internet, ya que los medios de comunicación ofrecen información de sobra para que a uno no le dejen sin palabras cuando los menores hablan de tantos y tantos personajes que no salen en la televisión ni en los medios tradicionales.

Lecciones en YouTube

Por otra parte, algunos profesores como Calle han demostrado el potencial educativo que puede tener YouTube para que los docentes expliquen a millones de personas simultáneamente materias muy complejas como, por ejemplo, las matemáticas o la física. Acumulan millones de visitas y su contribución a la formación será un día reconocida. Cualquier estudiante puede aprender algo que no quedó claro en la clase de física del colegio o el instituto, y otros tantos que ni siquiera tienen la suerte de acceder al sistema educativo pueden tener una oportunidad de aprender.

En esta formación *online*, sin título, ni certificado alguno, el alumno selecciona en qué materias quiere ampliar conocimientos o intentar complementar lo que le han enseñado en la clase, pero además es que estas clases se desarrollan en el entorno en el que se sienten más cómodos, utilizando herramientas y un lenguaje con el que conectan con ellos.

Muchos profesores de hoy pueden aprender nuevas técnicas pedagógicas en estos vídeos y aplicarlas en la vida real. Una vez más, para los docentes no tiene sentido renegar de la tecnología y enrocarse en una posición inmovilista y tradicional. Deben ser conscientes de que en sus casas los alumnos probablemente recurrirán al vídeo antes que a un libro para aclarar dudas. Pero no solo son los estudiantes, si un padre quiere explicar ecuaciones de cierta complejidad a su hijo y hace mucho que abandonó las clases, tenga por seguro que va a buscarlo en Google y acabará dando con esos profesores que le explicarán en vídeo la lección. También en su caso será más importante el contenido audiovisual que el que venga en el libro de texto del colegio.

Los docentes *influencers* van a desempeñar un importante rol en la educación del futuro. A las siete de la tarde y desde casa, sus vídeos van a enseñar cómo resolver el ejercicio al chico, quien después se verá los vídeos de sus ídolos. Si es profesor, no le conviene ignorar las redes sociales. Tiene mucho que perder, por ejemplo, el favor de sus alumnos.

Habría que cuestionar una formación reglada que ignora precisamente un aspecto importante de la vida de los alumnos y de su futuro profesional. Rosa Liarte apuesta por lo contrario. «El alumnado con el que yo trabajo tiene su propio blog en YouTube, forma parte de cómo les educo en este tipo de plataformas. En este espacio ellos van publicando sus vídeos, contenidos, documentos, etc. Yo les enseño a etiquetar su vídeo, que lo nombren, que lo hagan atractivo, etc. Dentro del rango de edad en el que trabajes es diferente, yo por ejemplo trabajo en secundaria y es mucho más sencillo porque en esta franja de edad ellos ya están en condiciones de poder utilizar las redes. Debemos enseñarles también a subir el vídeo de forma privada, pública u oculta. También hay que ver que la formación que tengo yo en lo digital no la tiene todo el profesorado. Este es otro de los problemas que nos encontramos a la hora de educar a los adolescentes en redes sociales. Yo tengo compañeros que no saben que un vídeo en YouTube se puede subir de tres formas diferentes. Educar al profesorado es imprescindible. Todos deben tener, al menos, una formación básica en lo digital, porque sus alumnos están creciendo en este entorno. Esto es lo que yo también pretendo conseguir: formar al profesorado en lo digital. Además, tampoco todos los maestros tienen las mismas competencias digitales, hay muchos que no se han criado en un entorno digital. A mí todo esto me preocupa... ¿cómo vamos a educar a los jóvenes si muchos profesores no tienen esas competencias necesarias? Sin embargo, cada vez hay más profesores que acuden para formarse en esto. El mundo digital va más rápido de lo que pensamos y por eso es esencial que nos pongamos al día con ello, porque lo digital es tan instantáneo que un profesor cuando termina de formarse ya está obsoleto, por eso hay que ir reinventándose diariamente».

Calle propone que todo lo relativo a redes sociales e internet se incorpore de forma oficial al programa lectivo. Eso implicaría lógicamente la formación de los profesores que reclama Liarte. «No puede ser más imprescindible hoy en día una asignatura de uso responsable de las redes sociales. Más allá de que aprendan a usarlas con cabeza y a no compartir cualquier cosa, podrían aprender a detectar noticias falsas, a fomentar el sentido crítico con todo lo que aparece ante sus ojos en las redes. Sería muy positivo».

Aspirantes a estrellas

«En el Instituto todos quieren ser *youtubers*. Creen que es muy fácil llegar a la cima, ganar mucho dinero, basta con ponerse delante de una cámara y hablar. Cuando unos padres me transmiten su preocupación sobre las aspiraciones de su hijo o hija, yo les recomiendo que le dejen intentarlo. Lo mejor es que comprueben ellos mismos que hay que aprender cómo subir el vídeo, dominar programas de edición de vídeo y foto, estar pendiente de las redes todo el día, aprender sonido, la iluminación, cómo hacer las miniaturas y los grafismos, además de tener algo que contar cada pocos días. Todo eso no resulta sencillo y requiere mucho tiempo, así son conscientes de lo duro que es», asegura David Calle.

Poo coincide en que están convencidos de que «es un estilo de vida ideal en el que grabas unos vídeos que no te llevan más de diez minutos al día y te conviertes en millonario. La cara B del fenómeno la desconocen. En este sentido, alguna vez hemos visto en clase el documental de Netflix sobre Avicii (el DJ sueco de fama mundial que se quitó la vida a los 28 años) para que vean también las sombras de la fama».

En cualquier caso, si en su clase está el próximo Rubius o la próxima Dulceida, los profesores pueden influir en que los contenidos que publique en un futuro y lleguen a millones de jóvenes sean coherentes, interesantes o correctos desde un punto de vista gramatical. «Tienen que saber qué comunicar a su público, hacerlo sin faltas de ortografía, vender un producto al final del proceso, etc. Eso es lo que yo pretendo enseñar a mis alumnos en el proyecto de Instagram. El proyecto era sobre Historia, pero lo que se pretendía era eso, que los adolescentes aprendieran a publicar un contenido bueno, no lo primero que se les pasara por la cabeza o lo primero que vieran ellos por internet», concluye Liarte.

Los profesores deben conocer un poco a esas personas famosas sobre los que sus alumnos hablan a todas horas o se acrecentará la brecha entre maestro y pupilos.

Utilizar contenidos de youtubers, analizar sus expresiones en clase de lengua o ver canales atractivos en inglés para aprender el idioma son estrategias pedagógicas interesantes.

Una nueva asignatura con contenidos obligatorios en el programa lectivo sobre el uso responsable de las redes sociales sería beneficioso, pues invitaría a reflexionar sobre qué compartir y qué no, a detectar noticias falsas y a fomentar un cierto espíritu crítico.

¿Se puede/debe espiar?

Nadie pone en duda que mediante la conversación adecuada en el momento adecuado quizá una madre o un padre pueden evitarse el disgusto de comprobar que su hijo o hija hace un uso compulsivo de las redes sociales, adora a personajes indeseables o, lo que resulta más preocupante, renuncia a su intimidad para ganarse la aprobación de conocidos y desconocidos. Catorce años es la edad establecida para tener un perfil en una red social, pero dada la imposibilidad de verificar la edad cualquier niño más pequeño podría crearse un perfil sin problemas. En esos años es posible que los padres tengan el control de la cuenta en Facebook o Instagram al conocer la contraseña y puedan ver tanto el contenido como los contactos de la red. Obviamente, según pasa el tiempo, la tendencia natural del menor es intentar preservar todo ello de las indiscretas miradas de los padres. Algo paradójico del todo si no le importa mostrar cada minuto de su vida a amigos y no tan amigos. Es posible que ya cuando legalmente pueda hacerlo el joven se cree un nuevo perfil desconocido para sus progenitores o cambie la contraseña del actual. El caso es que en un momento dado, los contenidos publicados y las amistades en redes como Instagram o Facebook quedarán vetados a gran parte de la familia de una u otra forma.

Caso distinto es el de YouTube. Si quisiera publicar vídeos en su propio canal, lo suyo es que este sea abierto, como un canal generalista de televisión, y para los padres resultará sencillo acceder a los contenidos emitidos. No tan sencillo va a resultar conocer los vídeos que consume el chico o la chica en sus ratos de ocio. Aunque una buena conversación y tender algunos puentes puede sacar a la palestra los nombres de sus ídolos en la red de vídeos.

Pero donde de verdad va a contar su vida en imágenes es en Instagram y en menor medida, por la falta de afinidad en los más jóvenes, en Facebook. Y ahí es donde está el terreno vedado. Cuando los hijos tenían relaciones cara a cara, los padres podían tener más o menos controlado el círculo de amistades. Ahora el círculo es una telaraña con demasiadas ramificaciones. La primera opción y la única sin mácula moral o legal sería que nuestro hijo o hija nos aceptase como amigo en las redes sociales, suponiendo que seamos usuarios también, lo que es probable en padres menores de 45 años. Entrada la adolescencia lo normal es que eso no ocurra.

La segunda opción para poder ver la vida virtual del menor es tan rebuscada como poco recomendable, pero algunos padres lo han intentado por esta vía. Se trata de crearse un perfil falso e intentar que el chico o la chica le aceptase como amigo en la red social. Pero resultaría complicado que ese falso adolescente engañe y seduzca al menor como para que le acepte de buenas a primeras.

La tercera opción es instalar un software espía que monitorice toda la actividad digital del menor incluso, bordeando la legalidad. Hay programas que pueden desvelar las contraseñas que ha pulsado en el teclado el propietario del teléfono. Hay distintas razones para renunciar a esta vía y solo un motivo que mueve a los padres: el miedo. La ignorancia sobre qué tipo de contenido publica, quiénes conforman su red de contactos, qué comentarios recibe o hace en sus fotos o en las de otros… conduce a los adultos a un estado de ansiedad ante lo desconocido que les puede llevar a instalar programas que violan la intimidad de los hijos. Las consecuencias a largo plazo pueden ser nefastas para la relación con los hijos, pues si se enteran —que no es nada descabellado dado sus superiores conocimientos sobre tecnología— se habrá perdido para siempre la confianza y se puede enturbiar bastante la relación paterno-filial. Eso por no hablar de la posibilidad de denunciar a los padres o a los familiares alegando intrusión en su derecho a la intimidad.

El abogado Carlos Sánchez Almeida declaró a eldiario.es que con el Código Penal actual «deja de haber justificación de ningún tipo, sea por razón familiar, por cualquier excusa (incluso laboral), para poder revisar los correos de tus hijos. Puede ser incluso delictivo mirar el Facebook de un hijo, una red social o instalar un dispositivo de seguimiento».

 *Normalmente, a cualquier adolescente le repele que sus progenitores accedan a las fotos que publica en las redes sociales y mucho menos que le hagan comentarios al respecto. Es como si le estuvieran viendo mientras hace botellón con los amigos o ligando en una discoteca. Lo consideran su espacio.*

Resultará complicado en ocasiones ver los contenidos que sí puede valorar una interminable red de amigos y «conocidillos», incluso amigos de terceros a los que no conoce.

Generar los lazos y el clima de confianza imprescindibles, ya desde pequeños, es una vía para tener un poco más de información sobre la vida virtual y las amistades que se fraguan en las redes.

Coge un cuchillo
y mátale

En 1994, Ruanda vivió el genocidio más sangriento de la historia. En apenas 100 días se cometieron más de 800.000 asesinatos de ciudadanos de etnia tutsi a manos de sus vecinos y compatriotas hutus. La matanza no solo ha pasado a la historia por el volumen de víctimas, sino por la violencia extrema que se practicó hacia familias enteras con terribles mutilaciones con machetes y otras torturas sin distinción entre hombres, mujeres o niños. Un disparo en la cabeza era inaceptable por benévolo en aquel clima de horror que vivió el país centroafricano en aquellos días. Amén de que jamás debemos olvidar este episodio oscuro de la historia de la humanidad, es muy conocido también el papel que jugaron los medios de comunicación en el genocidio. La Radio Televisión Libre de las Mil Colinas o RTLM —en francés, Ruanda fue bautizado como el Pays des Mille Collines, por su terreno fértil y montañoso— fue la emisora ruandesa que transmitió del 8 de julio de 1993 al 31 de julio de 1994 y jugó un importante rol durante la masacre.

La emisora fue ganado popularidad por la música moderna y los programas de humor y opinión que fueron incorporando un tinte racista contra los tutsis y los hutus moderados. El analfabetismo imperante y el acceso a transistores hacía que la radio fuera el medio más popular. El mensaje del odio y racismo al final fue claro: acabar con todos los tutsis. La espiral de la violencia extrema siguió alimentándose en las ondas, celebrando los asesinatos e instigando a unas milicias enloquecidas y sedientas de sangre inocente. La radio detonó la bomba de la violencia y la irracionalidad y la gente obedecía y normalizaba lo que los locutores decían ante el micrófono.

Partiendo de este hecho histórico, el objetivo de este capítulo es plantear una hipótesis inquietante que muchos pueden ver como alarmista pero no por eso podemos dejar de reflexionar sobre el tema. Como ha quedado patente en las páginas de este libro, los *influencers* aglutinan a millones de personas que ven sus vídeos y fotos y leen sus textos. Algunos de los *fans* son tan acérrimos seguidores de las estrellas digitales que adoptan una actitud de militancia e idolatría hacia el *influencer*. De hecho, las ventas de las marcas aumentan cuando uno de estos personajes recomienda un producto. Y en general, millones de jóvenes dedican su tiempo a ver esos contenidos por absurdos que pudieran parecer en un principio. Como la radio de Ruanda, YouTube y sus creadores saben conectar con la juventud, es un ambiente moderno y *cool* frente a la televisión analógica y no configurable propia de generaciones anteriores.

¿Qué pasaría si un *youtuber* con, imaginemos, diez millones de suscriptores por alguna razón dice a los seguidores de sus vídeos que tienen que matar a su padre, o a una persona anónima de la calle? Obviamente, la mayoría de los que visualizasen el vídeo ignorarían la orden o lo tomarían como una broma. En cuanto se denunciase el tema, quizá la plataforma censuraría el vídeo o se armaría tal revuelo que el *youtuber* se retractaría al final de sus palabras. Pero supongamos que solo un 0,00001 por ciento de los seguidores del supuesto *youtuber* le hace caso, coge un cuchillo y acaba con la vida de otro ser humano. Es decir, que solo una persona del total de seguidores hizo caso a la orden de su gurú, pero el resultado es una vida perdida. Ese escenario nos es tan descabellado ni ilógico. En el pasado se han producido asesinatos cometidos por orden del líder de una secta o un grupo criminal —véase el caso de Charles Manson— y cabe preguntarse qué hubiera pasado si los mensajes del célebre asesino se hubieran transmitido por una plataforma de vídeos actual.

¿O si un *youtuber* de éxito difunde las ideas de un partido político racista y xenófobo? De hacerlo progresivamente y con sutileza podría ir calando en muchos jóvenes hasta que pasara cierto límite. Hay muchos jóvenes muy susceptibles a ser cautivados por las ideas de otro si eso les proporciona el sentido de pertenencia a un grupo. ¿Y si hubiera habido YouTube en la Alemania nazi, con su maquinaria de propaganda perfectamente engrasada? En su día, los carteles y los discursos lograron tejer una sociedad que fue testigo del horror y contribuyó a él, como mínimo mirando hacia otro lado. Pero a esto también contribuyó el cine maestro de Leni Riefenstahl, así que la idea del vídeo como herramienta de adoctrinamiento ya estaba en Occidente hace casi un siglo.

Puede que las hipótesis planteadas sean exageradas, pero tampoco sería tan raro que acabemos leyendo titulares con un protagonista bautizado por la prensa como «el asesino de YouTube», como aquel célebre «asesino del Rol», el «de la katana» o el «de la baraja». La tecnología no es ni buena ni mala, pero el uso que se haga de ella puede contribuir al progreso de la humanidad y de las sociedades, a desinformar, a sembrar el caos o a diseminar el odio.

La predicción
de *Black Mirror*

La serie británica *Black Mirror* gira en torno a cómo la tecnología afecta a nuestras vidas. Cada capítulo es independiente del anterior y plantea un futuro más o menos próximo, pero no con las clásicas visiones de la ciencia ficción de naves espaciales y coches voladores, sino que lo que muestra es cómo puede ser nuestra vida en poco tiempo. Inquietos, sobrecogidos o incluso asustados es cómo se quedan los millones de espectadores ante las nada descabelladas —depende del episodio— predicciones que ofrecen los guionistas de la serie. Uno de los capítulos más populares es el que muestra una sociedad totalmente dominada por las redes sociales. Sin destripar el contenido, lo que narra la ficción es una sociedad de un país desarrollado en el que las interacciones en las redes sociales es lo que determina toda nuestra vida. Cuanto más *likes* reciben nuestras fotos y cuanto mejor valora el encuentro un camarero al que se le pide un café o los compañeros de trabajo más ascendemos en la escala social. Para optar a determinados puestos de trabajo, ingresar en un círculo social o alquilar un apartamento, por ejemplo, se necesita tener una media determinada en la valoración de nuestras publicaciones redes sociales.

En este escenario se plantea la historia y entonces lo que vemos es algo que ya estamos viviendo en cierto modo en las sociedades del primer mundo aunque sin llegar al extremo que plantea la serie. Por ejemplo, la protagonista del capítulo se toma un desayuno en una terraza y toma una foto perfecta del bodegón de la taza de café con esos dibujitos que se hacen con la leche, el zumo, la flor que adorna la mesa, etc. Cree que esa imagen recibirá varias estrellas de conocidos y desconocidos y le ayudará a mantener su estatus. Si en una gran ciudad nos vamos a una «cuqui» cafetería o a un restaurante de diseño veremos a varias personas haciendo una foto parecida.

Puntuar a otras personas

En la serie, los ciudadanos puntúan cada encuentro con otro ser humano, por lo que se esfuerzan hasta el ridículo por ser amables con los desconocidos, por ejemplo, entre dependienta y clienta en una tienda, para que de esa interacción se obtenga una buena puntuación. Llega un momento en que las personas de éxito en las redes sociales no se mezclan con los «parias» que tienen poca relevancia en esos canales. De nuevo encontramos un planteamiento hiperbólico de una situación que ya ocurre. Las personas buscan relacionarse con aquellos que tienen cientos de miles de seguidores con algún fin. Si una persona con peso en las redes sociales menciona, por ejemplo, este libro, y dice que es lo mejor que ha leído en su vida, eso se traducirá probablemente en un aumento de las ventas de *Mi vida por un like*, lo que no estaría nada mal. Los seguidores ya están marcando el futuro de muchas personas. Los productores eligen entre dos actores o actrices por la repercusión que tendrá su trabajo en redes sociales en función del número de seguidores. Existe una brutal competición entre los *influencers* por tener más *fans* que nadie porque eso les granjeará el éxito económico. Respecto a la extrema amabilidad a la hora de hablar con los demás, salvando las distancias, también es algo que funciona en la sociedad actual. Si un camarero o azafata es desagradable o negligente hasta colmar nuestra paciencia, podemos reflejarlo en las redes sociales y que eso implique consecuencias —merecidas o no, justas o no— para el establecimiento, que pueda perder clientes o prestigio y para el propio trabajador, que podría quedarse sin empleo.

Otro de los enfoques que tiene este intrigante episodio de *Black Mirror* es cómo el éxito en las RRSS permite acceder a determinados alojamientos, trabajos o círculos sociales. Es verdad que lo plantea de forma más objetiva y medible, en plan que si no tienes más de un 3,5 (sobre cinco estrellas) no puedes vivir en cierta urbanización. Pero sin llegar a ese grado de establecer una puntuación como si se tratase de la nota de corte del acceso a la Universidad, la realidad es que lo que publicamos en las redes sociales sí condiciona el futuro social y laboral. Los responsables de recursos humanos no contratarán a una persona que muestra un comportamiento obsceno o antisocial en sus perfiles públicos, que evidencia ser un amante de las juergas y el alcohol o que se ha mostrado como un misógino o un racista. Si fuéramos a alquilar un apartamento y tenemos varios inquilinos que cumplen con las condiciones económicas y nos han gustado, un paseo por las redes sociales podría inclinar la balanza hacia el que parezca más cuidadoso o formal.

Ya podemos puntuar a los establecimientos, los servicios y todo tipo de empresas, pero también más allá del «me gusta» o el corazón de Instagram también puntuamos a las personas. Por ejemplo, cuando en la red de compra venta de bienes de segunda mano puntuamos al vendedor o al comprador —si fue un informal con la hora, si tenía mal aspecto, si fue maleducado o si nos intentó timar— estamos influyendo en las ventas o compras futuras de esa persona. Cuando en una conocida red de alquileres de pisos para vacaciones puntuamos negativamente al dueño del piso, muchas personas tendrán dudas de alojarse en su vivienda, con lo que el anfitrión lógicamente debe mostrarse muy amable, competente y resolver todas las dudas y problemas que puedan surgir durante la estancia o se enfrentará a una crítica negativa. En el sentido inverso, si unos huéspedes se han comportado como una piara de cerdos o han hecho ruido como para molestar a los vecinos del bloque, también el propietario del piso lo reflejará en la aplicación o en la web y cuando los clientes quieran alquilar un nuevo apartamento en otra ciudad para pasar unos días puede que sean rechazados y les cueste encontrar alojamiento. Ocurre lo mismo con los taxistas o chóferes de servicios privados, con las personas que se apuntan a plataformas para compartir coche… ¿Tan lejos estamos de lo que plantea *Black Mirror*?

Un catálogo de
potenciales parejas

Al ritmo que cambia la forma de relacionarnos, ya no debería extrañarnos que conocer a una persona con un fin amoroso o sexual sea un acto mediado por la tecnología.

Por una parte, contamos con aplicaciones de mensajería como para hacer mucho más fácil una de las pruebas más duras a nivel psicológico a las que se podía enfrentar un ser humano en la era anterior a internet y la telefonía móvil: llamar a una casa particular y preguntar si estaba en casa el chico o chica con quien deseábamos hablar. Un padre o una madre preguntando al otro lado de la línea: «¿De parte de quién?», representaba todo un reto para la salud cardiovascular. Las pulsaciones disparadas, una boca seca, sudor manando de la frente y al final un hilillo de voz que emergía, atiplada, para decir el nombre de la hija o el hijo de los dueños de la casa. Había que tener mucha cara dura y aplomo para salir bien parado de esos trances. Sin embargo, escribir un simple mensaje con el móvil a la persona con la que deseamos entablar contacto no supone un pulso a la vergüenza como aquellas terribles llamadas al fijo de casa.

En la búsqueda de pareja, la tecnología ha propiciado un escenario con aplicaciones para conocer personas nuevas en cualquier bar, encontrar la pareja ideal conforme a una serie

177

de parámetros establecidos y, en general, perder poco tiempo interactuando con otros seres humanos, con conversaciones que no llevaban a ningún sitio. Se ha perdido un poco o bastante la magia que tenía el juego de la seducción, pero en términos de eficacia los móviles y las redes sociales son una bendición para las personas que no gozan de un físico espectacular, ni la gracia y el desparpajo de un monologuista.

En un capítulo de la popular comedia *Cómo conocí a vuestra madre*, el protagonista, un joven arquitecto que siempre busca al amor de su vida, va a salir con una chica a cenar. Entonces hablan entre ellos y deciden que, para que sea una cita no condicionada y sí la de dos personas frente a frente conociéndose casi desde cero, deben renunciar a «espiarse» el Facebook y sacar conclusiones. El capítulo versa sobre la lucha en los días previos a la cita por no hacer eso que han dicho que no harían. Porque cuando ya tienes una idea preconcebida de una persona, fruto de ver los contenidos que ha publicado, sus amigos, sus gustos, dónde ha estudiado, etc., la actitud y el comportamiento en el encuentro físico ya está lógicamente influido por la información obtenida en la «investigación» en las redes sociales.

Nuestra vida entera está narrada en imágenes y comentarios, pero casi siempre damos visibilidad a los aspectos más atractivos y exitosos de nuestra existencia, las mejores fotos, las reflexiones más profundas, los premios, las hazañas deportivas, etc. Así que luego toca descubrir el lado oscuro de las personas y un físico en tres dimensiones y sin filtros de fotografía.

Para bien o para mal, las relaciones son así, pero incluso dan una vuelta de tuerca que lleva a pensar si la Humanidad puede elevar aún más el listón de la superficialidad. Los adolescentes directamente buscan pareja mirando las fotos de Instagram como si fuera un catálogo de Ikea. Si alguien te gusta, le escribes e intentas interactuar con él o ella. En el fondo no es algo muy diferente de estar en una discoteca con una música que revienta los tímpanos, mirar alrededor y acercarte de forma directa o un poco más sutil a una persona que te parece atractiva. Es verdad que simplemente su físico es lo que ha motivado la elección, porque él o ella puede ser más tonto que el asa de un cubo o ni siquiera hablar nuestro idioma.

El catálogo de seres humanos que vemos en Instagram viene a ser de nuevo la versión digital de esos ligues de discoteca y hay ya unas reglas para interactuar mediante comentarios y luego mensajes directos.

Aunque cada vez se hace más explícito y rápido el proceso, porque la inmediatez es una de las características principales de los más jóvenes.

Tomemos un ejemplo real. Una chica de 13 años pone una foto suya y en el texto ofrece tres opciones. A. Te gusta, B. No te gusta, C. Te enrollarías conmigo. Más directo imposible.

Una vez más, las redes sociales amplifican el número de personas con las que poder relacionarse y ya no son el millar de seres humanos que bailaban en una discoteca de moda, sino una infinidad de seres humanos —más atractivos en sus fotos de lo que serán en la realidad— entre los que puede estar el amor de la vida.

Sorprende cómo las relaciones virtuales se prolongan en el tiempo y cada vez se retrasa más el encuentro físico, donde ya no se pueden disimular los defectos y hay que aguzar el ingenio para mantener viva la conversación. Aunque eso es algo nimio comparado con aquellas llamadas al teléfono fijo a las que los nacidos en los noventa y las generaciones posteriores nunca se van a enfrentar.

Antes de conocer cómo piensa habla o actúa una persona nos fijamos en su físico. Y en las redes sociales como Facebook o Instagram encontramos a muchísimas personas que nos pueden resultar atractivas; nosotros mismos ponemos fotos donde nos vemos guapos.

Resulta ahora muy sencillo interactuar con amigos de amigos o con desconocidos mediante comentarios a sus fotos o mensajes directos. Las relaciones incluso se perpetúan en el mundo digital antes de dar el salto a la vida real que suele implicar cierto grado de decepción. Pero colgar una foto y ofrecerse al resto como un filete en el escaparate de una carnicería no debería ser la base de una relación amorosa. Eso sí, sea sincero: ¿Cree que hubiera ligado mucho más —y con más facilidad— de haber contado con redes sociales en su juventud?

Detectar la depresión
en Instagram

La sobreexposición de nuestra intimidad saca a la luz muchos aspectos de nuestra vida sin que nos demos cuenta, pero puede revelar circunstancias personales y anímicas insospechadas. Cada vez más grupos de investigación demuestran que las imágenes contienen mucha información subliminal. Por ejemplo, como veremos en otros capítulos, es posible extraer conclusiones sobre el modo de vida, la alimentación o los hábitos saludables, pero escarbando un poco más se puede diagnosticar una depresión o una etapa depresiva en una persona si se analiza la evolución de los contenidos que sube a las redes sociales, especialmente gracias a las fotos en Instagram. Pueden servir de alerta temprana mucho antes de llegar a un diagnóstico clínico.

Un estudio norteamericano, llevado a cabo por investigadores de las universidades de Vermont y Harvard, demostró la fiabilidad del diagnóstico de la depresión. Un algoritmo analizó las fotos publicadas por un número importante de sujetos durante un tiempo. Los que habían padecido episodios depresivos aplicaban filtros en sus fotos que las hacían tener más tonos azulados y grises y, en general, ser más oscuras. Otra pista que puede ayudar a intuir una posible depresión es que los robots también detectaron que en las fotos donde salían otras personas, el número de rostros era sensiblemente menor en las personas deprimidas, lo que se corresponde —o se puede corresponder— con una menor interacción social o mayor aislamiento.

Terapia de grupo

Por otra parte, una investigación de la Universidad de Drexel, en Filadelfia (EE. UU.), revela que las personas aquejadas de una depresión pueden abrirse a los demás y recibir ayuda en Instagram, donde encuentran una especie de refugio debido al anonimato de la red social. A diferencia, por ejemplo, de Facebook, donde existe una política estricta para que los nombres de los usuarios se muestren y sean auténticos, en la red de fotografía sí es posible enmascarar la identidad con un pseudónimo. Las personas que sufren una depresión que publican imágenes con la etiqueta #depresión reciben, según los investigadores, bastante apoyo en los comentarios, más que valoraciones que pudieran acentuar su estado psicológico. Así que Instagram se convierte en una especie de refugio para esas personas y podría ser también de ayuda para la detección y el diagnóstico del problema.

En muchos casos analizados, las fotografías expresan sentimientos y pensamientos que los pacientes no son capaces de traducir en palabras; es como contar una historia de su enfermedad y no solo se ciñe a la depresión. Personas con trastornos de la alimentación o con historial de autolesiones encuentran en el soporte social de los comentarios sinceros de los demás una posible salida a su situación, una alternativa o complemento a las terapias habituales de psicólogos y psiquiatras que los profesionales están empezando a valorar como una herramienta terapéutica.

ANEXO:
Un paseo por las redes sociales
para principiantes

Con una sencilla explicación muy coloquial podrá comprender de qué hablan todas aquellas personas atrapadas bajo el influjo de las redes sociales e incluso probarlas y ponerse en la piel de los usuarios. En todos los casos, los conceptos clave bajo los que opera cualquier red social son dos: compartir e interactuar. Es decir, una persona publica un contenido —sea texto, vídeo, foto…— y otras —conocidas o desconocidas— ven ese contenido y pueden compartirlo a su vez, comentarlo o al menos expresar si les gusta o no. También ofrecen la ventaja de que permiten contactar con personas de las que no sabíamos hacía mucho tiempo, como compañeros de clase, amigos de la infancia, etc. De repente podemos asomarnos a la vida cotidiana y privada de amigos y conocidos, un terreno vedado antes de esta revolución digital.

Después encontramos diferentes redes sociales, unas centradas más en un tipo de contenido concreto, que triunfan más en un rango de edad que en otro y con distinta finalidad, aspecto y características, pero con la misma esencia. En el momento de publicar este libro, las principales son las siguientes, pero en algún momento irrumpirán otras que causen furor y ganen usuarios frente a las que ahora atraen a más público joven.

YouTube

Su nombre deja claro que se trata de tu propia televisión, ya que al tú (*you*) se le une el concepto tube, que hace alusión a los antiguos televisores de tubo de rayos catódicos. Así que internet nos dotó en 2005 de una televisión *online* —para ver en el móvil, la *tablet* o el ordenador y ahora ya en una TV convencional— con un volumen de contenido que jamás nadie soñó. Funciona tanto en el sentido de poder consumir contenidos audiovisuales «a la carta» como, y ahí está su verdadero interés, en emitir nuestros propios vídeos. Una acción que antaño requería un esfuerzo económico y en personal solo digno de grandes empresas ahora en manos del ciudadano cualquiera. Los contenidos son inabarcables en todos los sentidos, desde material de canales de televisión tradicionales, música, información o anuncios a vídeos caseros de toda índole. La vida no se concibe ya sin YouTube.

De la mano de internet surgieron blogs o espacios personales a modo de diario donde publicar contenido normalmente centrado en una temática concreta y comentado por los lectores. Y cuando surgió YouTube nacieron también los videoblogs, en los que en lugar de escribir un texto el autor se graba frente a la cámara hablando y comentando o mostrando lo que sea que quiere compartir con el mundo. El término no videobloguero no ha calado, sino que la palabra de moda es *youtuber*.

Instagram

En 2010 nació una aplicación para compartir fotografías hechas por los usuarios. En su sencillez reside la magia de lo que ahora es la red más popular y que quizá más influye en la vida cotidiana de los jóvenes. Básicamente permite tomar una fotografía, aplicarle un filtro o efecto y poner un comentario. Mediante un *hashtag* o etiqueta se aporta la palabra clave o temática de la fotografía. Un paso importante en su evolución ha sido la posibilidad de subir fotos y vídeos cuya duración está limitada a un día en un nuevo apartado llamado Instagram Stories. Sobre ese vídeo o foto es posible escribir frases o dibujitos o aplicar efectos como ponernos una cara de gato y otras tonterías como hacer que la imagen avance y retroceda. A esto se suma la posibilidad de emitir en directo lo que sea que está sucediendo, algo que de forma más compleja y con aspecto más profesional permite hacer la mencionada YouTube.

Facebook

Es la red social por definición y la más aceptada por el público adulto. En el fondo aglutina las funciones de todas las demás. Es decir, que permite contar cómo nos sentimos en un momento dado, podemos publicar las fotos de las vacaciones, compartir noticias, música… Es la más general y los jóvenes prefieren centrarse en Instagram y en YouTube mientras que los adultos se sienten cómodos en el entorno de Facebook. Hay otros «Facebook» alternativos que triunfan a nivel regional como el yZone de China o el Vkontakte —más conocido como VK— de Rusia.

Twitter

Término inglés que da nombre a otra red social de la que habrán oído hablar y que se traduciría como «gorjear» o «trinar». Se trata de una red de *microblogging*, es decir, donde solo podemos publicar un texto muy corto, antes limitado a 140 caracteres y ahora con más espacio, pero siempre para compartir algo muy sintético. Estas entradas son conocidas como *tweets*. En esta red el texto domina a la imagen y suele dar pie a polémicas por las opiniones que expresan en

Twitter personajes muy populares del mundo de la política, el deporte o la cultura. También en ella, el estatus y prestigio de una persona se mide por el número de *followers* o seguidores que tiene.

Mensajería

Aunque este libro no se centre en ello, los servicios de mensajería instantánea tipo WhatsApp también son una especie de red social. De hecho, esta última aplicación permite actualizar estados temporales, pero la realidad es que no hay nada más social que los grupos de familiares, amigos o compañeros de trabajo. Antes que efectuar una llamada, muchas personas prefieren escribir por esta vía, como antaño ocurría con los SMS, pero con la posibilidad de adjuntar todo tipo de archivos, hacer videollamadas, mensajes de voz… Incluso personas con pocas habilidades para manejar la tecnología se encuentran cómodos con WhatsApp. Existen otras redes similares con más o menos éxito según los países y con algunas características diferentes. Hablamos de Line o Telegram, por ejemplo. En esta última hay muchos canales a los que podemos suscribirnos.

Fotografía

Ya hemos comentado que Instagram es el rey de las redes donde colgar imágenes, pero hay otras muy populares aunque con unos objetivos diferentes. Por ejemplo, Pinterest es una plataforma para compartir imágenes que permite a los usuarios crear y administrar, en tableros personales temáticos, colecciones de imágenes como eventos, intereses, hobbies y mucho más. Es muy utilizada por los aficionados a la decoración por las múltiples ideas que se pueden sacar de las imágenes que suben otros. Flickr por su parte es la red preferida por los fotógrafos profesionales y aficionados a la fotografía, pues permite gestionar y compartir muchas fotos sin el toque ególatra e infantil de Instagram.

Profesionales

Las redes sociales no son solo ocio. LinkedIn se ha convertido en una plataforma donde colgar nuestro *curriculum vitae* y exponer todo lo que hacemos en el terreno profesional. Establecemos una extensa red de contacto con profesionales de distintos ámbitos y las empresas están siempre alerta para detectar futuros candidatos a enrolarse en sus filas. También muy empleada en el terreno profesional, aunque con funciones y objetivos distintos, encontramos SlideShare, que de hecho pertenece a LinkedIn. Es un espacio donde compartir diapositivas y presentaciones, así como documentos en otros formatos.

Otras

También por el volumen de usuarios conviene no olvidar otras plataformas de vídeo en alta definición como Vimeo, Spotify, como referente para escuchar música sin parar, ResearchGate, para compartir investigaciones científicas, o Tumblr, para alojar blogs. Pero hay muchas más que descubrir…

Regrese por favor a la página 6 del libro.